Kilian Hattstein-Blumenthal

LIEBE, KRIEG UND KOMMUNIKATION

Motivationen zur Erziehung

FUTURUM

für Monika

1. Auflage 2012

© 2012 Futurum Verlag, Basel
www.futurumverlag.com

Alle Rechte, besonders der Übersetzung, auch die des auszugsweisen Nachdrucks, der fotomechanischen und elektronischen Wiedergabe, vorbehalten.

Einband: Finken & Bumiller
Satz & Gestaltung: Verlag
Druck und Bindung: fgb. freiburger graphische betriebe
Printed in Germany
ISBN 978-3-85636-230-0

INHALT

Vorwort 9

Vorspiel auf der Weltbühne 13
    Die Familiäre Revolution 13
    Die Untertanen-Phase 14
    Die Phase der moderaten Emanzipation 15
    Die antiautoritäre Phase 16
    Die symbiotische Phase 17

I. Einschätzungskultur:
Der gefesselte und der neu belebte Hermes 21
    Werft alle Zeugnisse ins Altpapier! 21
    ... und führt statt ihrer Gespräche 23
    Das Dialogzeugnis als Element einer neuen
        Einschätzungskultur 25
    Erster Ausflug in den Hintergrund: Wörter machen Welt 30
    Welche Gesprächsform in welcher Altersstufe? – Grundlegendes
        über Fremdeinschätzung und Selbsteinschätzung 37
    Was Rudolf Steiner über Zeugnisse sagt 43
    Zweiter Ausflug in den Hintergrund: Ermutigung für Menschen,
        die dem Reden misstrauen 46
    Kritik der gängigen Praxis 50
    Stil und Kriterien des Jahresgesprächs 55
    Stil-Merkmale 56
    Inhaltliche Kriterien 60
    Dritter Ausflug in den Hintergrund: Versuch über die spirituelle
        Dimension des heilsamen Sprechens 62
    Feedback 70
    Der Pädagogische Hermes 71
    Abschließende Kernsätze zur Einschätzungskultur 81

II. Anerkennungsproben –
Aphrodite: Warum wir werden, wenn wir spielen   83

    Die Probe   83
    Die Anderswelten   87
    Rollen im sozialen Raum   89
    Vierter Ausflug in den Hintergrund: Spielen, kosmisch   91
    Wendepunkte, theaterhandwerklich betrachtet   97
    Fünfter Ausflug in den Hintergrund: Krisen, karmisch   102
    Wendepunkte im Spiel der Seele   104
    Sechster Ausflug in den Hintergrund: Aphrodite   107
    Die Pädagogische Aphrodite   112
    Die Anerkennungsprobe   114
    Kernsätze zur Pädagogischen Aphrodite   116

III. Konfrontationskunst:
Der verachtete und der Menschen verbindende Ares   119

    Streitende Kinder – skandalisierende Eltern   119
    Siebenter Ausflug in den Hintergrund:
        Die Liebes-Gefangenschaft   127
    Die Delphischen Spiele   137
    Achter Ausflug in den Hintergrund:
        Wer ist der geächtete Ares?   151
    Konfrontationskunst   160
    Der Pädagogische Ares   165
    Kernsätze zum Pädagogischen Ares   171

Nachspiel: Motive der Erziehung für das 21. Jahrhundert   173

    Eine vorausdenkende Privatansicht   173
    Aretische Distanzen   175
    Lebensschule – Aphroditische Öffnungen   177
    Neue Deutungen alias hermetische Jungbrunnen   179
    Die Werkstätten von Hermes, Ares und Aphrodite –
        Meditativ erarbeitete Motivationen   181
    Hermes oder: Wie uns Empathie motiviert   182
    Aphrodite oder: Wie uns Sympathie motiviert   188
    Ares oder: Wie uns Antipathie motiviert   193

    Anmerkungen   199
    Literatur   204

«Alles Erreichte ist nur eine Stufe, es trägt bereits den Tod in sich, das Absterben und Verdorren in Dauer, Gleichförmigkeit und Wiederholung, wenn wir anfangen zu glauben, das Erreichte sei schon das Ganze.»

König Artus in Merlin oder das wüste Land
von Tankred Dorst[1]

VORWORT

Heute liegt, was Erziehung betrifft, kein Stein mehr auf dem anderen. Wir befinden uns mitten in einer Revolution, ohne unsere eigene Rolle, die wir darin spielen, klar zu verstehen. Das Verhältnis von Erwachsenen zu Kindern hat sich in den letzten hundert Jahren so grundlegend verändert, wie es nur durch Revolutionen geschieht. Was anders wurde, erleben wir täglich: Die Autoritätsverhältnisse zwischen Eltern, Lehrern und Kindern wirken wie von Grund auf umgekehrt. Heute scheinen die Kinder den Erwachsenen die Richtlinien der Erziehung zu diktieren.

Der Ursache dieser Revolution sind wir uns mehr oder minder deutlich bewusst: Sie entstand im Kampf gegen die menschenverachtenden Verhaltenweisen gegenüber Kindern, die sich Erwachsene früher herausnahmen. Wo aber stehen wir heute innerhalb dieser revolutionären Entwicklung? Wie finden wir in Erziehungsfragen den richtigen Weg? Nehmen wir Erziehung überhaupt an oder lehnen wir sie rundweg ab? An Erziehungsfragen scheiden sich heute die Geister. Im Scheiden vergessen wir dabei das Entscheidende: zu bestimmen, *ob*, und wenn ja, *wohin* es weitergehen soll.

Ich habe in meinem vierzehnten Jahr als Vater und im siebten Jahr als Klassenlehrer und Theaterpädagoge beschlossen, meinen Blick für die Frage nach der Zukunft von Erziehung zu schärfen. So entstand das Buch, dass Sie gerade zu lesen beginnen. In den zurückliegenden Jahren habe ich erfahren, dass Erziehung nicht nur eine wahrhaft gigantische Herausforderung, sondern auch ein großes Vergnügen darstellen kann.

Herausgefordert sind wir in der Erziehung als uns mitteilende Menschen. Wir äußern uns als Erziehende dabei, ebenso wie Kleinkinder, erst in späteren Phasen mit *Worten*. Unsere ersten Äußerungen zur Erziehung liegen in unseren *Wünschen*. Zum Beispiel im konkreten Grund unseres Kinderwunsches. Wollte ich schon immer Kinder haben? Warum? Oder eine Zeitlang auf gar keinen Fall? Warum habe ich gerade zu einem bestimmten Zeitpunkt ein Kind in meinem Wunsch angenommen? Die Spuren unserer Wünsche finden sich später in allen unseren Handlungen – zart, aber entscheidend – wieder.

Tagtäglich äußern sich in der Erziehung, ebenfalls oft unausgesprochen, unsere inneren *Haltungen*. Haltung bedeutet zweierlei: Einmal meine innere Einstellung, mit der ich an das Erziehen herangehe. Zweitens die Haltung, mit der ich Kindern – in der Schule wie zu Hause – entgegentrete. Spreche ich Kinder gefühlsbetont oder vernunftbetont an? Versuche ich, sie zu amüsieren oder sie in Spannung zu versetzen? Werbe ich um Vertrauen oder grenze ich mich ab?

Dieses Buch wird die These vertreten, dass in unserem Erziehen weder unsere *Erziehungsziele* entscheidend sind noch unsere persönliche Vorliebe für einen bestimmten *Erziehungsstil*. Ziele sind im Erziehen nur theoretisch zusammengebastelte, unpersönliche Vorhaben. Die Fixierung auf solche Erziehungsziele hat die Debatte über Pädagogik in eine Sackgasse getrieben, aus der man gegenwärtig verzweifelt nach einem Ausweg sucht. Persönlicher Erziehungsstil dagegen bleibt jedem unbenommen. Er verleiht Farben, gestaltet aber kein Bild. Beides, Ziele und Stile, sind nur Facetten unseres Erziehens. Sie sind nur einzelne *Motive*. Entscheidend wirkt aber erst unsere *Motivation*.

Unter Motivation verstehe ich das, was uns zum Erziehen oder Nicht-Erziehen *bewegt*. Etwas muss uns zur Erziehung anregen, etwas muss stattfinden, bevor wir mit ihr beginnen. Es sind die Wünsche, mit denen wir in den Ring steigen. Haben wir diese nicht, kann es keine Erziehung geben. Absichtslosigkeit in der Erziehung wäre eine naive Illusion, ein Sich-Herausstehlen aus der Verantwortung, für Kinder da zu sein.

Wünsche enden aber damit, dass sie umgesetzt werden. Aus Erhofftem werden dann konkrete Handlungen. Und diese haben unmittelbare Folgen. Die Verwirklichung unserer Wünsche wird zur *Auseinandersetzung*. Was wir unmittelbar beim Erziehen *empfinden*, gestaltet unsere Motivation entscheidend mit. Und auch die kleinste Reaktion, die wir auf einen geäußerten Wunsch von außen erfahren, wird diesen verändern. Damit ist die Motivationsbildung aber noch nicht abgeschlossen. Was in uns *nach* einer pädagogischen Handlung als Stimmung des Gelungen- oder Gescheitert-Seins, als Zufriedenheit oder erneuter Veränderungswunsch weiterarbeitet, trägt wesentlich zur Formung unserer Motivationen bei.

Motivation wird im Zusammenhang mit Erziehung oft missverstanden. Man unterscheidet gewöhnlich «von außen kommende» (extrinsische) und «von innen kommende» (intrinsische) Motivationen – also Handlungsimpulse, die entweder der Erwartung eines konkreten Vorteils oder aber einem inneren Antrieb entspringen. Dieser Ansatz ignoriert, dass die vulgäre Zerteilung in ein Innen und ein Außen nach heutigem psychologischem Kenntnisstand nicht mehr aufrechtzuerhalten ist. Die «Behälterpsychologie» (Peter Sloterdijk), die dem Menschen sein In-der-Welt-Sein und der Welt ihr Im-Menschen-Sein abzusprechen versucht, scheitert gerade in Bezug auf Lernen und Lernmotivation kläglich an ihren wirklichkeitsfremden Beschreibungen. Motivationen umgreifen – wie alles Seelische – stets Innen *und* Außen. Konkret beschrieben werden kann das Seelische erst, wenn seine spezifischen Wechselwirkungen mit der Welt betrachtet werden.

Früher wurden erzieherische Beweg-Gründe konkret als Wesen angesprochen. Der *Pädagogische Eros* der Griechen und Humanisten erlangte dabei die größte Berühmtheit. Doch Motivationen erfahren Veränderungen im Wandel der Zeiten. Die

Revolution im Erwachsenen-Kind-Verhältnis stellt uns heute vor völlig neue Herausforderungen. Der *Pädagogische Eros*, so wird es dieses Buch darstellen, ist tot. Welche Motivationen oder, personalisiert, Motivatoren (Ansporner, Inspirationsgeber, Trainer) können uns in der Zukunft pädagogisch zur Seite stehen?

Im Verständnis der folgenden Darstellungen und Vertiefungen bildet Erziehung ein Medium, durch das wir mit Kindern über unser beiderseitiges Uns-Entwickeln-Wollen kommunizieren. Ich erfahre Erziehung als den belebten, beziehungssatten Zwischenraum zwischen mir und den Kindern, die mit mir die Erziehung teilen.

Im Medium der Erziehung verhandeln wir ständig unsere Zukunftsfähigkeit, auch wenn wir über kleinste Dinge in der Gegenwart sprechen. Denn wir haben zu allem, was wir tun, lautere, leicht unlautere oder schlicht niedrige Beweg-Gründe. Diese rühren oft nur von Vergangenem her. Oder sie entspringen gegenwärtigen, aber kaum weiterführenden Bedürfnissen. Wenn unsere Beweg-Gründe zukunftsweisend sein sollen, müssen sie bewusst, *gewollt* über Vergangenheit und Gegenwart hinausreichen. Und damit stellt sich die Frage, was heute in der Lage ist, uns dergestalt für Entwicklungen, deren Früchte erst in der Zukunft liegen, zu motivieren.

Dieses Buch wendet sich an Eltern, Großeltern, Erzieher, Lehrer, Verantwortliche aus Gesellschaft und Politik und alle, die dem Erziehen in Zukunft eine Chance geben wollen. Es wird von Erziehungs-Herausforderungen handeln, vom Vergnügen an der Entwicklung und von einer neuen Form des Gesprächs.

VORSPIEL AUF DER WELTBÜHNE

Die Familiäre Revolution

Vorvorgestern war folgender Befehl eines Vaters an sein Kind selbstverständlich:
Du wirst fortführen, was ich begonnen habe. Ich dulde keine Antwort als deinen Gehorsam. Gehorchst du mir nicht, bist du nicht mehr mein Kind.
Vorgestern versuchten Erwachsene, sich vom Druck ihrer eigenen Eltern freizumachen. Sie übertrugen den Druck in subtil veränderter Form auf ihre eigenen Kinder:
Du hast es gut, du darfst dir aussuchen, was du werden willst! Wie gerne hätte ich das auch getan! Ich bin so froh, dass ich dir die Chance gebe, dein eigenes Leben zu leben! Du darfst aber nie vergessen, dass ich es war, der es dir erlaubt hat! Deine Dankbarkeit erkenne ich daran, dass du dich so entscheidest, wie es mir gefällt.
Gestern wurde dann schließlich ganz freilassend besprochen:
Verstehst du, du hast deine Bedürfnisse, ich habe meine Bedürfnisse. Jeder kann eben nur sich selbst verwirklichen. So ist die beschissene Realität. Kopf hoch, Kumpel! Nächste Woche machen wir vielleicht mal was zusammen.
Heute vereinbaren Eltern mit ihren Kindern Folgendes:
Du darfst alles, was du willst – aber vorher musst du zum Geigenunterricht. Geigen ist gut für die Synchronisierung deiner Hirnströme, und sonst schaffst du das Abitur nicht. Ich weiß, dass dich der Geigenunterricht nervt, aber wenn du den geschafft hast, warte ich mit einer dicken, fetten Belohnung auf dich. Wir

machen den ganzen Abend, was du willst! Keine dummen Eltern-Einschränkungen, versprochen, Chef!

Das ist die selbstbewusste Variante. Die verunsicherte lautet: *Bitte sage mir, was ich für dich tun kann. Ich bin froh, wenn ich es einfach nur weiß. Du hast dein ganzes Leben noch vor dir. Ich habe solche Angst, dass du die gleichen Fehler machen wirst wie ich. Bitte sei vorsichtig auf dem Schulweg, und jetzt gib mir einen dicken Kuss!*

Ganz freundlich taucht wieder eine gewisse Befehlsstruktur auf. Diesmal aber mit dem Erwachsenen in der – scheinbar – schwachen Position.

Mit diesen Sätzen, von Eltern zu Kindern gesprochen, markiere ich die vier ersten revolutionären Phasen im Verhältnis der Generationen. Die Veränderung, die das Eltern-Kind-Verhältnis seit Ende des 19. Jahrhunderts erlebt, wurde bisher zu wenig als grundlegend und unumkehrbar betrachtet, obwohl ihre einzelnen Ereignisse vielen bewusst sind. Einen Überblick über ihren Verlauf gibt es bisher nicht; wir sehen uns einer unverstandenen Entwicklung gegenüber.

Da es sich um eine Revolution innerhalb der Privatsphäre handelt, wird ihr Stand der Dinge in jeder einzelnen Eltern-Kind-Beziehung auf eigene Weise verhandelt. Bezeichnend blieb bisher, dass jeder Einzelne die Ereignisse der Revolution meist *erleiden* musste. Selten – etwa bei der «antiautoritären Erziehung» – wurden sie bewusst gestaltet. Diese Revolution im Privaten hatte bisher noch keinen offiziellen Namen – ein weiterer Hinweis darauf, wie wenig sie bisher verstanden wurde. Daher habe ich sie gemäß dem Titel dieses Kapitels die *Familiäre Revolution* getauft.

Die Untertanen-Phase

Du wirst fortführen, was ich begonnen habe. Ich dulde keine Antwort als deinen Gehorsam. Gehorchst du mir nicht, bist du nicht mehr mein Kind.

In der Form eines fraglos vorgetragenen und keine Widerrede duldenden Befehls wurde vor hundert Jahren angeordnet, dass das Kind *in jedem Lebensdetail genau so* zu sein habe, wie die Eltern dies wünschen. Das elterliche Wollen als Messlatte und Richtschnur für das Kinderleben stand unverrückbar fest. Entsprechend auch die Schule in dieser Zeit: Die Inhalte waren darauf ausgerichtet, Wirtschaft, Staat und Religion zu tragen, die Methode war Drill und Prügelstrafe. Das Kind hatte eine eindeutige Rolle: Es war der Untertan.

Die Untertanen-Phase des Erwachsenen-Kind-Verhältnisses blieb in Bezug auf die Schule – mit Ausnahme der Reformpädagogik – bis zur Revolte der 1968er-Jahre bestehen. Ihr letztes Relikt sind die noch heute staatlich angeordneten Lehrpläne der Regelschulen – blamabel für demokratische Gesellschaften ebenso wie für scheinbar selbstständige Individuen, wie ich später ausführen werde.

Die Phase der moderaten Emanzipation

Du hast es gut, du darfst dir aussuchen, was du werden willst! Wie gerne hätte ich das auch getan! Ich bin so froh, dass ich dir die Chance gebe, dein eigenes Leben zu leben! Du darfst aber nie vergessen, dass ich es war, der es dir erlaubt hat! Deine Dankbarkeit erkenne ich daran, dass du dich so entscheidest, wie es mir gefällt.

Anfang des letzten Jahrhunderts begann sich das Verhältnis von Eltern zu ihren Kindern zu wandeln. Die Tragödien, die der Untertanen-Status in vielen Familien hervorgebracht hatte, begannen Wirkung zu zeigen. Der Gedanke, dass jeder Mensch sein eigenes Glück auf seinem eigenen Weg finden muss, setzte sich langsam, aber stetig gegen eine Untertanenmentalität durch. Kinder bekamen ein neues Rollenfach: das der gerne erlaubten Eigenständigkeit oder der Emanzipation in gutbürgerlichem Umfang.

Wurde das Maß dessen, was für die Eltern akzeptabel war, in irgendeinem Bereich überschritten – zum Beispiel in der sexuellen Orientierung oder in Bezug auf die Berufs- oder Partnerwahl – erreichte die erlaubte Eigenständigkeit Grenzen. Nun waren Wandlungsprozesse auch der Eltern gefragt, oder der Beziehung wurde ein Ende gesetzt. Solange beiderseits keine radikale Neuorientierung angestrebt wird, stellt dieses Modell einer moderaten, beidseitigen Emanzipation auch heute den Normalfall einer im bürgerlichen Sinne gelungenen Entwicklung des Eltern-Kind-Verhältnisses dar.

Die antiautoritäre Phase

Verstehst du, du hast deine Bedürfnisse, ich habe meine Bedürfnisse. Jeder kann eben nur sich selbst verwirklichen. So ist die beschissene Realität. Kopf hoch, Kumpel! Nächste Woche machen wir vielleicht mal was zusammen.

Die 1968er-Bewegung setzte im Eltern-Kind-Verhältnis das deutlichste revolutionäre Zeichen. Die «antiautoritäre Erziehung» versuchte, aus den Fehlern der Vergangenheit radikal zu lernen. Selbstverwirklichung war das Zauberwort. Jede erkennbare Bastion der Bevormundung von Kindern durch ihre Eltern versuchte man niederzureißen. Die Prügelstrafe wurde erfolgreich skandalisiert und schließlich verboten. Freiräume und Phantasie wurden kultiviert. Beim radikalen Rückzug aus der Kinderwelt – und dem Einzug in ein nun elterliches (Blumen-)Kinderland – stellten die Eltern oft aber auch ihre Beschäftigung mit dem Nachwuchs radikal ein und überließen diesen sich selbst. Selbstverwirklichung ist ein einsames Geschäft.

Die antiautoritäre Phase machte deutlich, dass es leider nicht ausreicht, Probleme zu erkennen und nach diesen Erkenntnissen spontan zu handeln. Das Scheitern der «antiautoritären Erziehung» brachte viel Verzweiflung mit sich – und rief konservative Erziehungsformen wieder auf den Plan. «Familienzusammenhalt» lautete das neokonservative Zauberwort der 1980er-Jahre. Und, in unseren Tagen, «Kinder! – Gebt uns Kinder als Ersatz für unsere sinnentleerten Lebensentwürfe!» – Wie schön! Jetzt wird alles gut ...

Die symbiotische Phase

Selbstbewusste Variante:
Du darfst alles, was du willst – aber vorher musst du zum Geigenunterricht. Geigen ist gut für die Synchronisierung deiner Hirnströme, und sonst schaffst du das Abitur nicht. Ich weiß, dass dich der Geigenunterricht nervt, aber wenn du den geschafft hast, warte ich mit einer dicken, fetten Belohnung auf dich. Wir machen den ganzen Abend, was du willst! Keine dummen Eltern-Einschränkungen, versprochen, Chef!
Verunsicherte Variante:
Bitte sage mir, was ich für dich tun kann. Ich bin froh, wenn ich es einfach nur weiß. Du hast dein ganzes Leben noch vor dir. Ich habe solche Angst, dass du die gleichen Fehler machen wirst wie ich. Bitte sei vorsichtig auf dem Schulweg, und jetzt gib mir einen dicken Kuss!
In der Eltern-Kinder-Beziehung waren nach der 68er-Revolte Veränderungen eingetreten, die eine Rückkehr zu alten Mustern unmöglich machten. Eltern hatten ihre Gewissheiten über den Umgang mit Kindern eingebüßt. Vollends verloren ging der früher tradierte Strom des Erfahrungswissens über Kindererziehung, wo er durch antiautoritäre Abkehr der Generationen voneinander bewusst zerrissen wurde. Aber auch wenn die eigene Mutter befragt werden konnte: «Wie hast du es damals gemacht?», wird diese ihrer Antwort hinzugefügt haben: «Aber heute weiß man ja viel mehr über Kinder.» Eltern stellten fest, dass sie, so sehr sie sich «Familientradition» und Kinder wünschten, ratlos vor winzigen Wesen standen, die sich völlig von ihnen unterschieden.

Sie bekamen Angst, lasen viele Ratgeber und glaubten schließlich niemandem mehr. Sie liebten ihre Kinder sehr und versuchten, ihnen durch Beobachtung, Raum-und-Zeit-Lassen und später durch möglichst viele Fragen und möglichst intensive gemeinsame Erlebnisse nahe zu sein. Die heute vorherrschende, die symbiotische Phase der Erziehung hatte begonnen.

In unseren Tagen erleben wir ein immer tiefer in die Leben der Kinder vordringendes Problembewusstsein seitens der Erwachsenen. Den emanzipierten und antiautoritären Eltern war es noch gelungen, sich deutlich von ihren Kindern abzugrenzen – meist in der Verwunderung darüber, wozu diese die Früchte der ihnen mehr oder minder sanft aufgenötigten Freiheit missbrauchten. Den dergestalt erzogenen Kindern gelang es dann, selbst Eltern geworden, nur mehr bedingt, in diesem durch Abgrenzung bestimmten Sinne *erwachsen* zu werden. Sie verstanden ihre Kinder so gut, dass sie die Grenzen zu deren Individualität bis zur Ununterscheidbarkeit verwischten. Sie identifizierten sich mit ihren Kindern, engagierten sich rückhaltlos in *deren* Konflikten und strebten danach, die *gesamte* Lebenswelt ihrer Kinder zu gestalten.

Auch mangels eigener Lebensperspektiven machten sie das Leben ihrer Kinder zu ihrem eigenen «Werk». Und das keinesfalls mehr freilassend. Die innere Spannung der Erziehungsbemühungen heutiger Eltern habe ich mit den dominant-symbiotischen Sätzen von der «dicken, fetten Belohnung» für den «nervenden», aber hirnentwicklungsmäßig unverzichtbaren Geigenunterricht ironisch zu charakterisieren versucht. Desgleichen die angstbesetzt-symbiotische Beziehung, in der sich Eltern vor jeglichem, was das Kind gefährden könnte, derart fürchten, dass ihm alle wesentlichen Lebenserfahrungen außer der der Überbehütung verunmöglicht werden.

Oftmals haben Eltern heute das Gespür für Sinn und Wirksamkeit ihrer erzieherischen Tätigkeit verloren. Mit Kleinkindern diskutiert man deren Bedürfnisse – und ist frustriert, weil sie sich nicht klar artikulieren können. Pubertierende lässt man nicht zu Wort kommen, da man ihre Emotionalität nicht aushält, – und ist frustriert, weil man sie nicht mehr erreicht. Dennoch werden Kinder für ihre Eltern mehr und mehr zum Lebensinhalt. Wo Sinn, Gebrauchtwerden und Glück sonst schwer zu erleben sind – mit eigenen Kindern scheint dies erreichbar. Der Wunsch, statt lästiger *Erziehung* eine gleichberechtigte *Beziehung* zu Kindern zu haben, ist absolut verständlich. Die so erlösend klingende Formel «Beziehung statt Erziehung» markiert trotzdem keinen Ausblick, sondern den vorläufigen Tiefpunkt einer pädagogischen Ratlosigkeit, die sich am liebsten selbst die Berechtigung zum Erziehen entziehen möchte.

Mit dieser Skizze sind wir in die Problemlage eingeführt. Im Folgenden werden drei Kapitel das durch die Familiäre Revolution gegebene Spannungsfeld sondieren und an praktischen Beispielen *neue Motivationen* für die Erziehung vorschlagen. Das erste Kapitel widmet sich einem, wie ich meine, zukunftsweisenden Versuch, durch eine veränderte Gesprächskultur der Wertschätzung und der Selbsteinschätzung von Kindern und Erwachsenen neue Impulse zu geben. Das zweite Kapitel wird an der Betrachtung von Entwicklung *als Spiel* und *nur im Spiel erreichbare* neue geistige Bewegungsfreiheiten zu skizzieren versuchen. Das dritte Kapitel stellt sich den Problemen, die aus der gegenwärtigen Eskalation von Erziehungs*konflikten* hervorgehen, indem es eine neue Technik zur Bewältigung solcher Konflikte vorschlägt.

Jedes dieser drei Kapitel steht für sich und kann je nach Interessenlage auch einzeln gelesen werden. Sie haben es also hier nicht mit einem Erziehungs-Ratgeber zu tun, sondern mit einem Buch, das schlicht *zur Erziehung* anregen möchte, indem es positive Motivationen zum Erziehen aufzeigt. Die darin enthaltenen praktischen Beispiele werden durch verschiedene *Ausflüge in den Hintergrund* vertieft.

Was dieser ebenso offen wie schelmisch blickende junge Mann wohl denkt? Fragen wir ihn!

Hermes. Kopf einer römischen Statue des 2. Jahrhunderts aus Uley, England.

I. EINSCHÄTZUNGSKULTUR: DER GEFESSELTE UND DER NEU BELEBTE HERMES

Werft alle Zeugnisse ins Altpapier!

Die bisherige Art und Weise, wie Pädagogen Kinder beurteilen, ist dem Stand unserer Bewusstseinsentwicklung nicht mehr angemessen und erzieherisch kontraproduktiv. Dies gilt besonders dann, wenn wir uns zu einer Leistungsbeurteilung aufschwingen, zum Beispiel durch Noten und Zeugnisse. In diesem Fall wirkt die Sinnwidrigkeit besonders verheerend, weil sie sich unter dem scheinheiligen Deckmantel des Orientierung-Gebenden und Objektiv-Einschätzenden verbirgt.

Pädagogen haben ihre Beurteilungen in der Grundannahme ausgearbeitet, dass die schulischen Leistungen von Kindern nur gründlich verglichen und objektive Unterschiede festgestellt werden müssen, um sachgemäße Kriterien zu liefern. Wer lernt wann schreiben? Wer kann wie gut rechnen? Das sagt doch etwas aus über die Persönlichkeit! Über die Entwicklung! Über die Intelligenz! Das muss man den Menschen doch mitteilen! Und nicht nur ihnen, sondern besonders den Eltern, die ja Hoffnungen haben und ihren Einfluss geltend machen sollen.

Mit den allerbesten Absichten wurde das schulische Lernen unter die Knute der Leistungsbewertung gestellt. Man fand auch ein hübsches Wort für dieses Vorgehen und nannte es «benoten». Verräterisch genug. «Noten geben» – das will nach Musik klingen. Es verschleiert, dass hier nicht Töne angeschlagen werden, sondern *Not gegeben* wird. Alternative Textzeugnisse mit «charakterisierenden Beschreibungen», die ein «Bild» geben wollen, werden fälschlicherweise «Waldorfzeugnisse» genannt. Sie verhüllen in sich mitfühlend gebenden Wortwolken dieselbe Beurteilungs-Anmaßung, wie sie Notenzeugnissen zugrunde liegt. Das ist besonders deshalb bedauerlich, weil es der Idee der Waldorfschule und den Intentionen des Schulgründers Rudolf Steiner widerspricht – wie krass, werde ich im Folgenden zeigen. Alte, überwindbare Rituale pflanzen sich hier als unbedachte Gewohnheiten fort. Aus den eigenen Erfahrungen werden keine angemessenen Konsequenzen gezogen.

Die These, die ich in diesem Kapitel vertreten werde, lautet: Wir sitzen als Lehrer in einer Falle, weil wir mit unserer Art der Leistungsbeurteilung Entwicklung auf verschiedenen Gebieten blockieren. Die Entwicklung unserer Schüler, die unserer Beziehung zu Schülern und Eltern. Last, but not least unsere eigene Entwicklung als Pädagogen und als Menschen.

Das zu behaupten und die Notgebungsproblematik erneut zu beklagen erscheint höchst unzeitgemäß. Sind wir nicht gerade sehr zufrieden damit, einer Leistungsgesellschaft anzugehören? Sollten Kinder nicht besser früher als später merken, dass auch ihnen einmal nichts anderes übrig bleiben wird, als im Leben «ihre Leistung zu bringen»?

Wer die Noten aus der Schule verbannt, schafft Kuschelecken» (Roman Herzog).[2] Dazu wäre scherzhaft zu fragen, was eigentlich so verachtenswert an Kuschelecken ist. Und ernsthaft hinzuzufügen: Es geht nicht um die Frage: Noten- oder Textzeugnisse? Beide sind gleichermaßen kontraproduktiv, denn sie entstammen einer obrigkeitsstaatlichen Form der Bewertung, der Beurteilung von oben nach unten. Bewertung ist hier das Fällen eines Urteils statt des Gebens eines Wertes, wie es die Bezeichnung *Be*werten nahelegen würde. Die gängige *Be*urteilung ist von *Ver*urteilung meist nicht weit entfernt. Das gilt auch für das Charakterisieren in den Waldorfzeugnissen, das seinen eigenen Impuls verschüttet, weil es nicht im unmittelbaren Kontakt, im Gespräch, geschieht.

An die Stelle der Notgebung durch Beurteilung kann ein ganz

neues Element treten, nämlich die *gemeinsame Einschätzung im Gespräch.*

Vor drei Jahren habe ich zusammen mit einigen Kollegen an der Rudolf Steiner Schule Berlin ein Pilotprojekt begonnen, das geeignet ist, die zwischenmenschlichen, pädagogischen und spirituellen Missstände der althergebrachten Beurteilungsrituale zu verwandeln. (Ich möchte mich für ihren unersetzlichen Beitrag zu diesem Projekt namentlich bei meinen Kolleginnen Elke Pohland, Ulrike Baudisch, Kerstin Bethsold, Heike Reubke, Ulla Nebeling und Annette Börner bedanken.) Diese frische, natürlich noch selbst in der Entwicklung begriffene Initiative will ich hier vorstellen als einen Hoffnung machenden Versuch, für die Pädagogik des 21. Jahrhunderts neue Motivationen zu finden, indem wir eine echte Kultur der Einschätzung entwickeln.

... und führt statt ihrer Gespräche

Am Anfang stand der Wunsch, uns Lehrer aus der Einsamkeit des Zeugnisschreibens zu befreien und die Einsamkeit der Schüler und Eltern, das Alleingelassen-Sein mit den im Zeugnis enthaltenen Aussagen zu beseitigen. Ich schreibe in ein Zeugnis die Aufforderung an einen Schüler, dies oder jenes zu ändern. Das ist leicht gesagt und maskiert sich gerne als Wunsch. «Ich wünsche Hänschen, dass es ihm im nächsten Schuljahr besser gelingen möge ...»

Hänschen liest das, seine Eltern lesen das – und dann? Ein Zeugnis der puren Ohnmacht *auf allen Seiten!* Was trägt der Lehrer bei, außer einen von ihm beobachteten Missstand zu formulieren, als Stoßseufzer im einsamen Kämmerlein? Was soll der Schüler tun, außer sich beim Vorlesen des Zeugnisses durch die Eltern zu schämen und die Sache in der Folge so schnell wie möglich zu vergessen? Wird er motiviert sein, dem Wunsch seines Lehrers zu folgen, weil der ihn in seiner Abwesenheit vor den stellvertretend äußerst erregt anwesenden Eltern schlechtgemacht hat? Wie sollen die Eltern tätig werden? Was nützt ihnen die aufgeschriebene Information, dass ihr Kind den Erwartungen nicht entspricht?

Zeugnisse sind und machen einsam – so lautet der erste Punkt der Anklage. Sie scheuen, was angezeigt wäre, nämlich *Auseinandersetzung!* Die Verbesserung lag auf der Hand: *Sagen wir,* was wir wollen, *hören wir,* was das Problem ist, *besprechen wir,* was konkret zu tun wäre.

Darin nämlich besteht der zweite Punkt der Anklage: Zeugnisse zeigen keine Wege auf. Sie beurteilen und kümmern sich nicht darum, wie die Beurteilung aufgefasst wird, wie sie *umgesetzt* werden kann. Gerade Verhaltensänderungen kommen nicht durch fromme Wünsche und von ihrer eigenen Berechtigung sehr überzeugte Stoßseufzer zustande. Verhaltensänderungen bedürfen der «Mühen der Ebene», also eines nicht nach großen Zielen fragenden, sondern eines kleinteilig am wenigstens etwas Besserem arbeitenden, bescheidenen und täglichen Handelns. Sie bedürfen der echten zwischenmenschlichen Aufmerksamkeit. Erst wenn wir zu Taten bereit sind, wenn wir Konsequenzen auch als Änderungen unserer eigenen Routine einzugehen bereit sind, ergibt eine Verhaltensbeurteilung Sinn.

Dasselbe gilt für die Leistungsbeurteilung. Sie ist ein Normmaß ohne jeden Bezug zu dem konkreten Menschen, der in dieses hineingepresst wird. Gerade die «Noten» stammen aus einer und passen in eine Zeit, in der Untertanen und Befehlsempfänger das Bildungsziel der Schule waren. Dass wir heute noch mit diesen Mitteln arbeiten, ist langsam nicht mehr mit Uneinigkeit und Phantasielosigkeit zu entschuldigen oder mit Leistungsorientierung zu bemänteln. Es ist ein soziales Problem. Es produziert Ausgrenzung, soziale Kälte und legt die Eier, aus denen jene ökonomischen Heuschrecken schlüpfen, die heute unsere Lebensgrundlagen zerstören. Aber zurück zum konkreten Beispiel:

Der von meinen Kollegen und mir erarbeitete Versuch, zu einer neuen Einschätzungskultur zu kommen, entstand unter dem Motto «Dialogzeugnisse». Eltern und Schüler sollten in das Beurteilen miteinbezogen werden. Der Kernpunkt war folglich ein Gespräch, das zwischen allen Betroffenen – Schülern, Lehrern und Eltern – geführt wurde. Seine Aufgabe war es, den Entwicklungsstand des Schülers zu beschreiben und gemeinsam Konsequenzen aus diesem nicht nur zu benennen, sondern auch zu vereinbaren. Das Gespräch und sein Inhalt waren das Zeugnis. Eine schriftliche Zusammenfassung wurde am Ende des Schuljahres herausgegeben, vom Klassenlehrer als Brief an den Schüler formuliert.

Das Dialogzeugnis als Element einer neuen Einschätzungskultur

Wir dachten einige Monate darüber nach, was in einem Gespräch, das den Anspruch hat, ein Zeugnis zu ersetzen, besprochen werden muss. Es wird von Kind zu Kind verschieden sein, aber bestimmte Themen erscheinen als kernhaft: Die soziale Rolle, die individuellen Lernwege, die Entwicklung der Persönlichkeit und die Entfaltung ihrer Kreativität. Dazu natürlich die Leistungen, soweit sie für den Fortgang des Lernens relevant erscheinen.

Im *Was* erschöpft sich, so fühlten wir deutlich, das Potenzial unseres neuen Herangehens aber nicht. Gerade das *Wie* warf die entscheidenden Fragen auf und machte die wesentlichen Möglichkeiten deutlich. Unser Gespräch sollte einen bestimmten Stil haben. Es sollte eine grundlegende Haltung der Dialogbereitschaft, der Anerkennung und der Fähigkeit zur kritischen Auseinandersetzung vermitteln. Es bedurfte also einer eigenen Gestalt, einer ermutigenden und befriedenden inneren Struktur. Und es musste gewährleistet sein, dass das Gespräch produktiv werden konnte, denn wir stellten fest, dass wir viele Gespräche führen, die wirkungslos verpuffen.

Unser Gespräch sollte Folgen haben, innere und äußere. Es sollte zu echten Verhaltensänderungen und Beziehungsverbesserungen führen und Konsequenzen für das schulische Arbeiten haben. Daher ging es nicht nur darum, einmal im Jahr ein besonderes Gespräch zu führen, sondern auch die Gesamtheit des schulischen Bewertens auf den Prüfstand zu stellen. Vom Umgang mit Problemen über die gemeinsame Wahrnehmung der Entwicklung bis zur Art und Weise der Leistungsfeststellung sollte unser Dialogzeugnis neue Wege gehen.

Als wir über die Form des Gesprächs nachdachten, stellten wir fest, dass wir den Dialog über Beurteilungen nicht gewohnt waren. Wird das Kind verängstigt in das Gespräch gehen? Immerhin trifft es da auf eine Überzahl an Erwachsenen, die Eltern *und* den Lehrer. Ist das nicht ein schrecklich einschüchterndes Szenario? Wodurch würde das ausgelöst, und wie könnte man es vermeiden? Wer redet wann und wie viel? Wer beginnt mit den Aussagen? Wie entgeht man dem Teufelskreis von Anklage und Verteidigung?

Wir entwickelten folgende Kernpunkte:

- Die *Gestalt* des Gesprächs soll gewährleisten, dass Dialog wirklich stattfindet. Das Sich-Aussprechen und das Zuhören sollen sich die Waage halten.
- Der *Rahmen* des Gesprächs soll die Voraussetzung schaffen, dass der Mut zur Aussage gefunden wird und dass im Zuhören keine Ohnmacht entsteht. Die Eltern sollen erleben können, dass Schüler und Lehrer auf gute Weise miteinander sprechen können. Ebenso sollen Lehrer und Eltern eine würdige Form der Aussprache finden. Bei Problemen soll jeder Erwachsene seine eigene Verantwortung in den Mittelpunkt stellen, statt den anderen mit Erwartungshaltungen oder gar Vorwürfen zu bombardieren. Denn wer etwas ändern will, kann dies am unmittelbarsten bei sich selbst vollziehen.
- Das *Ergebnis* des Gesprächs kann erst produktiv wirksam werden, wenn es in echter Gemeinsamkeit gefunden wird.

- Wenn die Schüler in dem Gespräch nur Problematisches erleben, werden sie schwerlich Motivation daraus beziehen können. Das Lob und die Würdigung des Gelungenen, die Freude an der Lesbarkeit und Formbarkeit der Individualität müssen also mit dem Besprechen von Problemen verbunden werden. Die Eltern und der Lehrer sollen in Erfahrung bringen, wie das Kind sich selbst sieht und wie es selbst an der Entfaltung seiner Fähigkeiten arbeiten will.

Für zwei sechste und eine fünfte Klasse entwarfen wir die im Folgenden knapp umrissene Gestalt der Dialogzeugnisse. Wir taten dies in dem beflügelnden Bewusstsein eines ersten Wurfes, der neue Töne anschlägt, ohne den Anspruch zu erheben, eine vollendete Komposition darzustellen. Gerade wegen dieser Offenheit der Form, an der noch entscheidend mitgearbeitet werden kann, halte ich es für richtig, die *Erstlingsgestalt* der Dialogzeugnisse hier zu beschreiben.

Zur Vorbereitung erhielten die Schüler einen Fragebogen, der sie aufforderte, ihre Tätigkeit in den verschiedenen Teilen des Hauptunterrichts, ihre soziale Situation in der Klasse und die Dinge, die ihnen in der Schule schwerfielen, zu beschreiben. Zeitgleich erhielten die Eltern einen Fragebogen, der sie über den Entwicklungsgang ihrer Kinder in individueller, sozialer und schulischer Hinsicht zu reflektieren aufforderte. Wir hatten bei früheren Gesprächen erlebt, dass wir als Lehrer immer in der Bringschuld waren oder auf der Anklagebank saßen, und wollten sicherstellen, dass die Eltern gut vorbereitet, mit klar durchdachten eigenen Beobachtungen und Fragestellungen in unser Gespräch gehen konnten. Die ausgefüllten Fragebögen wurden rechtzeitig vor dem Gespräch an den Lehrer zurückgegeben, sodass dieser sich ein Bild davon machen konnte, wie das Kind sich selbst sah und wie die Eltern das Kind wahrnahmen.

Das Gespräch fand in den sechsten Klassen dergestalt statt, dass Schüler, Eltern, der Klassenlehrer und ein Fachlehrer zugegen waren. Der Fachlehrer übernahm die Rolle des Protokollanten, der wesentliche Aussagen aufschrieb. Er legte das Aufgeschriebene gut sichtbar aus, damit es als Erinnerungsstütze oder zur Korrektur von Verständnisfehlern genutzt werden konnte.

Zu Beginn des Gesprächs beschrieb der Klassenlehrer den Gesprächsverlauf und bat um Einwände oder Zustimmung. Im ersten Drittel unterhielt sich der Klassenlehrer mit dem Kind über ein soziales, ein lernbezogenes und ein die Leistungen des Schülers würdigendes Thema. Die Eltern waren aufgefordert, ohne Einmischung zuzuhören. Der Schüler wurde angeregt, über Probleme offen zu sprechen und eigene Lösungsvorschläge zu machen. Der Lehrer fragte genau nach und machte seinerseits Lösungsvorschläge, die er mit dem Schüler besprach. Es ging darum, *gemeinsame* und *einvernehmliche* Beschlüsse zu fassen. Mit der Betrachtung eines Bildes aus einem Epochenheft schloss dieser Teil ab. Der Arbeitsprozess am Bild wurde hinterfragt und gewürdigt. Mit dem Dank für die Beteiligung am Gespräch wurde der Schüler nun entlassen.

Im zweiten Drittel des Gesprächs brachten die Eltern zuerst ihre Beobachtungen und Anliegen zur Darstellung. Der Lehrer hörte zu. Anschließend stellte der Lehrer seine Anliegen dar. Er beschrieb die Entwicklung des Kindes im vergangenen Schuljahr. Dieses wechselseitige Zuhören gab oft Anlass zu Rückfragen bezüglich der Entwicklung des Kindes in der Vergangenheit und brachte wichtige Aufschlüsse über seine Lebensumstände außerhalb der Schule.

Im letzten Drittel kamen Eltern und Lehrer nun auf das Gespräch des Lehrers mit dem Kind zurück. Es wurden gemeinsame Beschlüsse erarbeitet, die bis in die Formulierungen genau festgehalten wurden. Der begleitende Fachlehrer hatte zu jeder Zeit die Möglichkeit zu eigenen Beiträgen oder Fragen und konnte moderierend eingreifen, falls dies nötig war.

Die Dauer des Gesprächs war auf eine Stunde festgelegt. Diese Begrenzung und ihre Einhaltung erwiesen sich als sehr sinnvoll.

Das überraschende Resultat des so festgelegten Gesprächsverlaufs war, dass selbst schwierigere Gespräche sehr konsensorientiert verliefen. Es entstand der Eindruck, dass die gefundene *Gestalt* eine befriedende Wirkung ausübte. Da die Eltern den Lehrer und ihr eigenes Kind während etwa zwanzig Minuten im Gespräch miteinander erleben konnten, entstand für sie ein lebhafter Eindruck von der Qualität des Kontaktes zwischen diesen. Die Eltern konnten Vertrauen und Zuwendung spüren. Die Kinder waren zu Beginn der Gespräche durchweg aufgeregt, fanden aber schnell und selbstverständlich zur offenen Aussprache und nahmen die im unmittelbaren Kontakt erfolgende Betrachtung ihrer Arbeits- und Verhaltensweisen sehr ernst. Der Lehrer konnte tiefe Einblicke in die Entwicklungsbedingungen des Kindes gewinnen.

Alle Beteiligten waren vom erfolgten Austausch gestärkt. Das gute Gefühl, sich offen aussprechen zu können, verwandelte den Gestus des Beurteilens in einen Impuls, an sich selbst zu arbeiten. Im Nachklang erlebte der Lehrer ein deutlich vertieftes Vertrauensverhältnis zu seinen Schülern.

Abschließend muss betont werden, dass die Wirkung der Dialogzeugnisse erst dann entsteht, wenn diese nicht *neben,* sondern *statt* des geschriebenen Zeugnisses existieren. Selbsteinschätzung und Selbsterziehung können sich erst entfalten, wo Fremdeinschätzung und Beurteilung verstummen.

Im zweiten Jahr des Pilotprojekts wurde der Gesprächsverlauf abgeändert. Aus dem Feedback der Kinder auf die Gespräche des vergangenen Schuljahres trat der Wunsch hervor, eine Zeitlang alleine, ohne die Eltern, mit dem Lehrer zu sprechen. Dem gaben wir Raum und erfuhren, dass es für die Kinder befriedigend war, sich dergestalt als Dialogpartner ernst genommen zu sehen. Den Eltern konnten, wenn diese nach etwa zwanzig

Minuten zu dem Gespräch hinzukamen, bereits erste Ergebnisse und gemeinsam mit dem Kind gefundene Vereinbarungen präsentiert werden.

Seit dem Schuljahr 2011/12 sind die Dialogzeugnisse ein im pädagogischen Profil der Rudolf Steiner Schule Berlin fest verankertes Instrument, das besonders in der Mittelstufe von allen Kollegen angewendet werden kann. Mit jedem Lehrer, der am Prozess der Dialogzeugnisse teilnimmt, kommen individuelle Nuancen in der Gesprächsführung zum Klingen und bereichern so den Entfaltungsvorgang dieser Idee. Verbindlich sind die oben beschriebenen Grundprinzipien. Besonders die klare Gestaltung des Gesprächs nach vorher festgelegten und mit allen Beteiligten besprochenen Verfahrensregeln und seine strikte Beschränkung auf eine Stunde erwiesen sich als im Wortsinn *heilsam*.

Der Arbeitsaufwand des Dialogzeugnis-Prozesses ergab sich nach den Erfahrungen der ersten beiden Jahre als gleich groß wie beim konventionellen Zeugnisschreiben. Der beziehungsbildende und die Selbstverantwortung der Kinder anregende Charakter überbot dieses bei Weitem.

Erster Ausflug in den Hintergrund: Wörter machen Welt

Wörter werden geschrieben, gelesen, gesprochen, gehört und gedacht. Wörter durchdringen alle Ebenen und Bereiche des Lebens. Was im wörtlichen Austausch zwischen Menschen geschieht, kann in Bilder des bewegten Wassers gefasst werden.

Wörter treten als Strom auf, der einem Quell entspringt: dem Mund. Metaphorisch sagen wir: dem Herzen, zum Beispiel: «Wem das Herz voll ist, dem fließt der Mund über.» Unser Reden kann ruhig dahinplätschern, engagiert strömen oder aufgewühlt brausen. Es kennt Tiefe und Untiefen. Unser Reden umspült einen Gegenstand oder wird von diesem fortgerissen.

Ein Gespräch kann Verhärtungen lösen. Wir können vor Mitteilungsbedürfnis sprudeln. Unser Austausch kann versanden. Oder er plätschert so dahin ...

Kommunikation kennt wie Wasser viele Gestalten. Den Ursprung, die Quelle, vielleicht in den gestammelten, gerade gefundenen Wörtern eines Liebesgeständnisses. Den flinken, frech-beschwingten Bach des scherzhaft-neckenden Austausches bei einem Flirt. Den viel bewegenden, entschlossen weiterdrängenden Fluss der Gespräche, in denen wir unsere Arbeitsgemeinsamkeiten klären. Dagegen den hoch belasteten, zäh fließenden, gleichwohl gewaltigen Strom der öffentlichen Debatten, seien sie publizistischer oder parlamentarischer Natur. Den erfreulich harmonischen oder sturmgetrübten See des familiären Gesprächs, der so viele wonnige Buchten kennt, aber auch so gefährliche Untiefen unter seiner netten Oberfläche verbirgt. Das Meer des erdumspannenden Plapperns über alles und nichts, ohne das die Mitwelt ein schweigendes Totenreich wäre. Und durch das nichts von dem, was einmal gesagt wurde, an seinem Platz bleibt, sondern stetig weitertönt: Von den verborgensten, persönlichsten Tiefen zur medial-weltweiten Oberfläche. Von fremd-entferntesten Gewässern am anderen Ende der Welt zum mich in intimster Nähe betreffenden Tropfen auf meiner Haut wird es umgewälzt. Die bedrohliche Wolke der Verleumdung, den erfrischenden Regen eines guten Streits, das Eis tödlichen Schweigens zählen wir ebenfalls, wenn auch erschrocken, hinzu.

Der Vergleich mit dem Wasser soll auch verdeutlichen, dass Kommunikation jeglichen Grad der Trübung besitzen kann. Glasklares, bis zum Grund durchsichtiges Wasser ist ebenso selten, wie es glasklare Äußerungen sind. Vom beglückenden Glitzern im Sonnenlicht freundlicher Anteilnahme bis zur brackig-fauligen Undurchsichtigkeit der Lüge und der lebensfeindlichen Kälte des Schweigens reicht die Spannweite. In allen drei Situationen *steht* das Wasser. Sein Strömungsverhalten kann ebenfalls ins Bild bringen, ob das Gespräch das Verständnis seiner Teilnehmer fördert oder nicht. Missverständnisse sind wie Gegenströmungen, die besonders in kräftig fließenden Gesprächsbeziehungen auftreten. Sie zerren etwas hin und her ohne Fortschritt. Die Bewegung ist, obschon ständig, doch gänzlich ergebnislos.

Wenn Kommunikation streitbaren Zielen unterworfen wird, erscheint sie aufgepeitscht wie ein stürmisches Meer. Woge um Woge werfen sich die Argumente dem befeindeten Ziel entgegen, ihre Absicht ist die Brandung und der Schaden, den fortwährendes Anrennen stets zu verursachen beabsichtigt. Das ist der direkte Weg der geäußerten Empörung. Es gibt aber eine gefährlichere Methode der streitbaren Kommunikation: die *Vergiftung*. Wie Wasser leicht verunreinigt werden kann und vieles verborgen mit sich trägt, kann der wörtliche Austausch, in zerstörerischer Absicht betrieben, auf stille Weise tödlich werden: durch Unterstellung und Anklage, durch Lüge, Verleumdung und Verschweigen. Dann schlägt jedes kleine Wort tausend Misstöne an, schleichend versiegt die Fähigkeit, überhaupt noch miteinander zu sprechen. Die Betroffenen werden seelisch krank. Dass Menschen durch ausgrenzendes Schweigen *getötet* werden können, zeigt, wie sehr Wörter ein Lebenselixier sind, das rein erhalten werden muss, um Leben lebenswert zu machen.

Wenn der Strom des wörtlichen Austausches von zerstörerischen Absichten freigehalten werden soll, muss er sich selbst ein Reinheitsgebot geben. Wir müssen erkennen, *was* unseren Austausch in Worten ungesund ausufern lässt, was ihn aufpeitscht und vergiftet und was ihn dagegen besänftigt, harmonisiert und überhaupt im Fluss hält. Das geschieht vorzüglich dadurch, dass man die «Grundwasserprüfung» am laufenden Gespräch vollzieht. Sich von den Inhalten zurücklehnt und darüber spricht, wie, in welcher Qualität man gerade miteinander spricht. *Kommunikation über Kommunikation* heißt das Zauberwort, das ermöglicht, in die qualitative Dimension des gemeinsamen Sprechens vorzustoßen. Der Vergleich mit Gewässerqualitäten steht hier exemplarisch als Anregung.

Blicken wir nun, nachdem wir mögliche *Qualitätsmerkmale* betrachtet haben, wie Wörter Welt machen, auf einige *Prozesse*, in denen Wörter auf signifikante Weise wirksam sind.

Wörter erklären schlichtweg *alles*. Von der Gebrauchsanweisung bis zur Liebeserklärung. Von der zu Tode ritualisierten Parlamentsdebatte bis zur investigativen Reportage, vom Beamtendeutsch bis zum Poetry-Slam. Vom philosophischen oder spirituellen Meisterwort bis zum bescheiden-versuchsweisen Sich-Aussprechen in der Psychotherapie. Von den babysprachlich albernen Kommunikationsversuchen zwischen Eltern und ihren Säuglingen bis zur mühsam zusammengestoppelten, dennoch scheinbar unverzichtbaren Grabrede auf einen Toten, der wenigstens *dieses* Gewäsch nun nicht mehr ertragen muss: Alles, was Menschen innerlich bewegt, wird irgendwann *ausgesprochen*. Selbst das Schweigen ist, wie wir wissen, «vielsagend». Menschen sind wortschöpfende Wortgeschöpfe.

Ich möchte im Folgenden drei Prozesse verdeutlichen, in denen sich die Weltmacht der Wörter selbst ausspricht.

Erstens sind Wörter in der Lage, das, was sie umgreifen, zu potenzieren, indem sie es *verdichten*. In der Lyrik, im spirituellen Mantra, in Kernsätzen der Philosophen oder Religionen, in wirkungsmächtig formulierten politischen Manifesten bemerken wir solche Verdichtungen der Weltkomplexität auf wenige, durchschlagend wirksame Sätze oder gar Wörter, die noch nach Jahrhunderten in der Lage sind, unmittelbar Funken zu schlagen. «Am Anfang war das Wort.» Dieser erste Satz des Johannes-Evangeliums sei stellvertretend zitiert. Nicht nur ein Kernsatz für alles, was von Wörtern herrührt, sondern *das* spirituelle Machtwort schlechthin.

Die Macht solcher durch Verdichtung der Aussage *potenzierten* Sätze rührt einerseits daher, dass sie Wörter benutzen, die mit einer Fülle an Bedeutungen aufgeladen sind («Anfang»), die also einen machtvollen Assoziationsraum haben. Andererseits verknüpfen elektrisierende Sätze ihre aufgeladenen Wörter durch einen *zündenden* Gedanken. Diese Zündung geschieht durch eine Einsicht, die nicht täglich zu finden ist – sei es als Resultat jahrelanger Gedankenarbeit oder als plötzlich-tiefe Intuition.

Zündende Gedanken können dem *kairos* (dem rechten Moment) einer politischen Situation entspringen. Sie werden von Geistesgegenwärtigen alias Geist-Vergegenwärtigern in den wenigen Momenten, die später Epochenbrüche markieren, selbstbewusst ausgesprochen. «Ich habe einen Traum ...» – dieser Satzteil der berühmten Rede von Martin Luther King machte sich selbstständig, zum Motor der gesamten Bewegung, aus der er entsprang, die er fortan trug und noch heute weiterträgt. Noch nach Jahrhunderten berührende Sätze verdanken wir der sprachlichen Meisterschaft der Dichter: «Des Menschen Seele gleicht dem Wasser» (Goethe). Entscheidend ist der Aspekt der *Potenzierung durch Verdichtung und Zündung,* wie er in den Beispielen vorliegt.

Wörter können das, was sie umgreifen, aber nicht nur aufladen, sondern auch *entladen* oder *depotenzieren.* Dabei denke ich nicht zuerst an die weltbeherrschende Fülle redundanten Geschwafels oder nett-öden Small Talks, die als Faktor der Depotenzierung von sprachlichen Bedeutungsansprüchen ihre psychosoziale Entlastungsfunktion erfüllt. Ich denke an den therapeutischen und sozial moderierenden Gebrauch von Wörtern, in dem unendlich langes, oft mühsames Reden den Zweck erfüllt, Konflikte zu entschärfen und Spannungen innerhalb von Personen oder innerhalb von Gruppen abzubauen.

Ich habe in einer therapeutischen Arbeit die Depotenzierungs-Potenz des Sprechens jahrelang mit Dankbarkeit erfahren. In der vom Paar-Therapeuten Michael Lukas Moeller initiierten Form der «Zwiegespräche» lernte ich diese Wirkung weiter zu erproben. Hier wie dort ging es nicht um die zündende Formulierung, sondern um geduldiges Sich-Aussprechen und Einander-Zuhören. Darum, sich dem anderen durch Sprechen einfühlbar zu machen und grundlegende Mechanismen zu erkennen, die das Sich-Aussprechen bedrohen: Zum Beispiel den Mechanismus der Abwertung, Stichwort: «Wir werten den anderen ab, wenn wir uns selbst minderwertig fühlen.»[3]

Wörter erscheinen in solchen Prozessen oft hilflos, gefährlich, verletzend. Sie tasten nach ihren Gegenständen und verfehlen sie merklich. Sie erscheinen in nicht enden wollender Menge und sind, jedes einzelne für sich, nur ein vager Versuch, bestenfalls eine Annäherung. Zudem tritt das Problem des Missverständnisses krass zutage. Was ich meine, muss nicht das sein, was du verstehst. Bei der Schlichtung sozialer Konflikte zeigt sich ein ähnliches Bild: Ein gewaltiger Wortschwall dient dem bescheidenen Ziel, etwas weniger unfriedlich miteinander umzugehen. Um depotenzierend zu wirken, müssen sich die Wörter ihren Gegenständen und den in ihnen lebenden Absichten gegenüber klein machen. Sie müssen schwach und empfindsam werden. Sie müssen uns entspannen und der Verständigung *dienen*. Vor allem aber brauchen wir ihrer viele, um therapeutisch oder sozial-moderativ mit ihnen zu wirken. Die *Depotenzierung* der Wörter erfolgt also durch *Ausweitung und Entladung*.

Ein dritter Grundvorgang im wörtlichen Umgreifen der Welt besteht darin, dass Wörter den, der sich mit ihnen ausspricht, *selbst* zu *transformieren* imstande sind. Auch dieser Vorgang kann im therapeutischen Gebrauch der Sprache erlebt werden. Offensichtlicher noch tritt er im Zusammenhang mit dem Prozess des *Lernens* zutage. Der Schauspieler, der einen Text auswendig lernt, geht ihn wieder und wieder durch mit dem scheinbar schlichten Ziel, ihn vortragen zu können. Auf dem Wege dieser stetigen Wiederholungen reichert er sich mit dem Text an – und zugleich den Text mit sich!

In diesem Prozess gegenseitiger Anverwandlung überwiegt nicht der Aspekt des schlichten *Könnens;* das ist nur die – manchmal schwer genug zu erringende – Voraussetzung für die eigentliche Arbeit. Denn diese besteht darin, dass der Schauspieler lernt, die verschiedensten Dinge – eigene Erlebnisse, Assoziationen, an anderen Menschen gemachte Beobachtungen et cetera – mit dem Text zu *verbinden*. Er muss zudem lernen, das auswendig Aufsagbare auch zu *denken*. Das bedeutet, dass der Text ihm nicht nur *irgendwann* mit allen angebundenen Assoziationen zur Verfügung stehen soll, sondern in *jedem* Moment, in dem der Spieler das will oder in dem es von ihm gefordert wird.

Der Schauspieler wird außerdem beginnen, *gestalterische* Absichten mit dem Text zu verbinden. Halb laut, halb noch in Gedanken sprechend und dabei in seinem Übungsraum herumgeisternd – sozusagen hinter vorgehaltener Hand –, wird er die fremd-eigenen Wörter «abschmecken». Immer benutzt er dabei denselben Text! Die nämlichen Wörter werden wiederholt, aber mit jeder Wiederholung munden sie besser. Mal um Mal taucht der Schauspieler tiefer in ihre Nuancen ein und lernt sie potenter zu gestalten.

Indem er auf diese Weise, den Text wiederholend, sich zu der zu spielenden Figur erweitert, erlebt er den Prozess der *Selbstverwandlung* durch Wörter. Während uns Wörter als Übungsmaterial dienen, werden wir durch diese in Wiederholungen angelegte Tätigkeit *welthaltiger*. Ebenso offensichtlich geschieht dies beim Erlernen einer fremden Sprache und bei der meditativen Arbeit mit Texten oder Mantren. Die *Transformation des Sprechenden* durch Wörter erfolgt also *mittels wiederholender Übung*. Diese führt ihn zu *erweiterter Welthaltigkeit* und damit zu neuer *Lebenstüchtigkeit!*

Ich fasse die drei beschriebenen Prozesse zusammen:
- Wörter können ihren Gegenstand potenzieren, also verstärken. Dann laden sie sich mit Bedeutungen auf und werden Träger zündender Gedanken. Wir nennen dies die aretische Macht der Wörter.

- Wörter können dazu beitragen, Spannungen innerhalb von Personen und Gruppen oder zwischen Personen oder Gruppen zu depotenzieren, sprich: zu entladen. Wörter werden dann extensiv, also uferlos ausgeweitet gebraucht und sind schwach und suchend. Wir nennen dies die hermetische Macht der Wörter.
- Wörter können unsere Lebenstüchtigkeit erhöhen, wenn wir sie übend gebrauchen. Dann reichern wir uns durch sie mit Welthaltigkeit an und entwickeln und stärken unser Inneres an ihnen dergestalt, dass wir unsere eigene Person durch sie verwandeln. Wir nennen dies die aphroditische Macht der Wörter.

Welche Gesprächsform in welcher Altersstufe? – Grundlegendes über Fremdeinschätzung und Selbsteinschätzung

Ich habe bereits erwähnt, dass der Prozess der *Dialogzeugnisse* genannten Neuerungen für zwei sechste und eine fünfte Klasse geplant wurde. Das gab Anlass zu der Frage, wie die beabsichtigten Gespräche mit der Entwicklung der Kinder in Einklang stünden.

Wie bereits beschrieben, standen die Schüler der sechsten Klasse zu Beginn des Gesprächs für etwa zwanzig Minuten mit ihrem Lehrer im Dialog, während die Eltern zuhörten. In der fünften Klasse dagegen war es so, dass die Schüler ihr Gespräch mit dem Lehrer alleine führten. Das Gespräch des Lehrers mit den Eltern der Fünftklässler wurde infolgedessen ohne die Kinder geführt, bezog aber die Dinge, die zwischen Lehrer und Schüler besprochen worden waren, einleitend mit ein. Die Eltern der Fünftklässler waren natürlich besonders gespannt darauf, was die Kinder ihrem Lehrer gesagt hatten. Das Eltern-Lehrer-Gespräch fand so von Anfang an ein sinnvolles Zentrum in der Ausrichtung auf die Entwicklung des Kindes.

Ich habe bereits beschrieben, dass unserem ersten Wurf Veränderungen in der zweiten Runde folgten, und möchte betonen, dass Dialogzeugnisse keine hermetisch geschlossene, sondern eine hermeneutisch (also Verständnis suchend) offene Form sind. Ich stelle die konkreten Verläufe hier dar, um zur nach eigenen Motiven gestalteten Nachahmung und Verbesserung anzuregen. Da in diesem Buch aber vorwiegend von Motivationen die Rede sein soll, möchte ich nun von den Beweggründen berichten, die uns geleitet haben, es so und nicht anders zu machen. Dabei werden wir auf den entscheidenden Unterschied zwischen *Selbsteinschätzung* und *Fremdeinschätzung* stoßen.

Wann sind Kinder in der Lage, sich einem Gespräch mit Lehrern und Eltern zu stellen? Welche Seelenqualitäten müssen in ihrer Entwicklung angelegt sein, damit das Gespräch für die Kinder produktiv werden kann?

Wenn wir die innere Entwicklungssituation der Sechstklässler beobachten, also von Kindern, die zwölf oder dreizehn Jahre alt sind, erleben wir sich ankündigend, was Rudolf Steiner die «Geburt des Astralleibes» nennt. «Von der sechsten Klasse an beginnen die Jugendlichen, alles unter moralischen Gesichtspunkten kritisch zu bewerten: die Gerechtigkeit / Ungerechtigkeit von Eltern und Lehrern; das Verhalten der Erwachsenen in Bezug auf die Kriterien umweltgerecht / umweltschädigend [...]; selbstbeherrscht / unbeherrscht; fähig / unfähig und so weiter. Dieser ‹binäre Urteilscode› wird auf alles angewandt», und oft genug wird erkannt, dass das beurteilte Objekt «dem Ideal nicht entspricht».[4] Daran erkennt man, dass im Hintergrund der werdenden jugendlichen Seele die Welt der Ideale zu wirken beginnt, denn «man kann nur kritisieren, wenn man eine Vorstellung oder wenigstens Ahnung davon hat, wie die Welt idealerweise anders zu sein hat». «Man will aus der eigenen Persönlichkeit heraus erkennen, nicht mehr auf das bauen, was Autoritäten vorgeben, die Beziehung zur Umwelt aus der Welt der eigenen Gefühle gestalten, handeln aus den Impulsen des eigenen Inneren.»[5]

Schüler der sechsten Klasse beobachten und wissen ganz genau, wo sie selber stehen. Wir können also beginnen, die keimhaft entstehende Urteilsfähigkeit der Kinder und ihre offenkundige Lust an der Kritik maßvoll auf ihr eigenes Handeln zu beziehen. Daher trauen wir den Schülern der sechsten Klassen zu, im Dialog mit dem Lehrer das eigene Erleben und Handeln zu reflektieren.

Die Erfahrung des ersten Versuchs rechtfertigte diese Entscheidung in erstaunlicher Weise. Die Schüler brachten sich gerade deshalb mit Selbstbewusstsein in die Gespräche ein, weil sie nach der anfänglichen Aufregung feststellten, dass der Lehrer wirklich an ihren Aussagen interessiert war. Dabei wurde ausschlaggebend, dass wir sie, der Anfänglichkeit ihres Bewerten-Könnens eingedenk, bewusst aufforderten, *selbst* Bewertungen vorzunehmen. «Wie schätzt du unsere Klassengemeinschaft ein? Wie erlebst du die Gruppe der Jungen? Wo fühlst du dich in der Rechtschreibung sicher? Wo unsicher? Wie schätzt du deine mündliche Mitarbeit ein? Bist du damit zufrieden?» So lauteten Fragen, die die Kinder zum Einstieg in die *Selbsteinschätzung* ermutigten. Denn diese kann ja nicht einfach vorausgesetzt werden, sie muss geübt werden!

Ebenso muss die eigene Einschätzung geübt werden. Dies geschah in unseren Gesprächen dadurch, dass wir uns bewusst machten, dass die Lehrereinschätzung (wie auch die Elterneinschätzung) eine *Fremdeinschätzung* ist. Ich habe meinen Eindruck von dem Kind, mit dem ich spreche. Für das Kind ist dieser Eindruck aber etwas von außen Kommendes, das erst einmal angehört, zugelassen und verstanden werden will. Dabei bemerkt jeder Gesprächspartner, gerade ein Kind, besonders deutlich die Absicht, mit der ein Fremdeindruck sich artikuliert. Jede auch nur so geringe Abwertung wirkt sich aus, jede auch nur so geringe Anerkennung wird dankbar ergriffen.

Entscheidend aber ist, dass auch der Lehrer die eigene Wahrnehmung befragt – und dass er dies entsprechend artikuliert. Habe ich richtig bemerkt, wie das Kind mitgearbeitet hat? Ich sage nicht: «Du hast dich zu wenig gemeldet!», sondern: «Ich hatte den Eindruck, in Erdkunde hättest du dich öfter melden können, weil du in deinen schriftlichen Arbeiten sehr gute Kenntnisse nachgewiesen hast.» Ich mache meine Einschätzung als Fremdeinschätzung kenntlich, indem ich sage: «Ich hatte den Eindruck …» Ich verbinde diese Einschätzung mit dem Angebot eines Gesprächsgegenstandes – in diesem Fall ist es die Erdkunde-Epoche. Die beiden innewohnenden Gesten sind also: «Ich sehe es so. – Wie siehst du es?» Und: «Wir haben gemeinsame Themen – erzähle mir von dir!» Und schon bin ich im Gespräch. Die Einschätzung wird ganz nebenbei geübt, als vorgeschlagene Arbeitsform für gemeinsame Themen. Das Kind beginnt, sich nun selbst zu fragen, warum es so und nicht anders gehandelt hat. Es spürt die innewohnenden Gesten des Interesses und der Ermutigung und macht sich bereit, sich etwas Neues vorzunehmen.

Auch wenn meine Aussage lautet: «Du sagst, du hast dich in der Erdkunde-Epoche oft gemeldet – ich muss dir sagen, da habe ich einen ganz anderen Eindruck», wenn ich das Kind also mit einer abweichenden Einschätzung konfrontiere, bleiben die inneren Gesten unverändert. Ich zeige meine Einschätzung als Fremdeinschätzung. Ich spreche von «meinem Eindruck» und sage nicht: «Das ist so!»

Nicht die Worte allerdings, die innere Haltung ist das Entscheidende: Ich muss meine Einschätzung wirklich zur Disposition stellen! Ich muss bereit sein, gerade im Konfrontationsfall die anders lautende Wahrnehmung gelten zu lassen. Dann kann ich über sie sprechen. Dazu muss ich meine abweichende Meinung mit einem Themenangebot verbinden: Wir sprechen weder über das Schuljahr generell noch über dich als Schüler im Allgemeinen, wir sprechen konkret über die Erdkunde-Epoche.

Ich will wissen, was da los war! *Ich interessiere mich für dich und habe gemeinsame Interessen mit dir. Ich will mich nicht über dich erheben und dich bewerten.* Dieser Bewusstseinsschritt macht den Unterschied zwischen Leistungsbeurteilung und Einschätzungskultur aus.

In der fünften Klasse bewährte sich, dass die Kinder noch nicht mit der Herausforderung konfrontiert waren, die Eltern bei ihrem Gespräch mit dem Lehrer dabeizuhaben. Die Fähigkeit der Selbsteinschätzung ist auch bei Fünftklässlern schon angelegt, manchmal sogar sehr wach vorhanden. In ihrem sozialen Bewusstsein sind sie nach unserem Erleben aber noch sehr mit der Autorität der Erwachsenen, Eltern wie Lehrer, verbunden. Die Beziehung zum Lehrer ist vertrauensvoll, humorvoll und eingespielt. Er ist jemand, dem man folgt, noch kein Entwicklungspartner, mit dem man in einen Dialog treten könnte. Die Kinder müssen erst *selbst* in ihrem Innern einmal ein kräftiges Urteil über Eltern und Lehrer gefällt haben, dann können sie in das gemeinsame Üben des Bewertens eintreten.

Diese Beobachtung weist auch den Weg in die höheren Klassen. In der siebten Klasse ist es dann zum Beispiel möglich, dass die Kinder das Gespräch der Eltern mit dem Lehrer ebenso miterleben wie zuvor die Eltern das des eigenen Kindes mit dem Lehrer. In der achten Klasse kann zum Beispiel begonnen werden, Beschlüsse in der gleichberechtigten Gemeinsamkeit von Schülern, Lehrern und Eltern zu diskutieren. In der Oberstufe kann die gegenseitige Kritik ganz bewusst geübt werden, und erst die Eltern, später auch die Lehrer, müssen sich in dem Maße bewusst aus dem Prozess der Vereinbarungen verabschieden, als der Schüler selbst seine Ziele zu definieren und für sie geradezustehen vermag.

Auch in der Frage, wie die Zeugnisgespräche in den unteren Klassen zu führen wären, gibt es Anregungen. Ich skizziere sie hier ebenso knapp und als Anstöße formuliert wie meine Äußerungen zur Oberstufe.

In den ersten beiden Klassen wird es darum gehen, bei den Hausbesuchen der Lehrer das persönliche Gespräch mit dem Kind und mit den Eltern führen zu lernen. Das Schulische wird nur dazu dienen, sich kennenzulernen. Entscheidend wird sein, wie viel der Lehrer fragen kann, was er sich vom Kind zeigen lassen kann, welches Maß an Vertrauen zwischen den Erziehungsbeteiligten entsteht.

Im Zeugnis der ersten beiden Jahre steht der vom Lehrer selbst verfasste Zeugnisspruch und «eine Art vom Lehrer ganz individuell für das Kind verfasstes Spiegelbild, [...] etwas Biografisches über das Jahr», wie es Rudolf Steiner beim Weihnachtskurs 1921/22 beschrieben hat.[6] Definitiv steht darin *keinerlei* Bewertung. In der zweiten Klasse gibt die Zweitklassuntersuchung eine neue Gelegenheit, das Gespräch mit den Eltern auf die Basis der medizinisch-therapeutisch beobachteten Entwicklung des Kindes zu stellen. Hier wird es darum gehen, nicht nur aus der Sicht des Lehrers zu berichten, sondern die Eltern ebenso zu befragen. Für das kinderzentrierte Gespräch auf der Basis gegenseitiger Anerkennung sollte hier die Grundlage geschaffen werden.

Ab der dritten Klasse kann das Gespräch des Lehrers mit den Schülern beginnen. Mit den Eltern spricht der Lehrer nun erstmals über «Leistungen», also über den Entwicklungsstand in Bezug auf das schulische Lernen. Es gilt, die Erwartungen auf beiden Seiten offenzulegen und über die *eigenen* Erfahrungen mit dem Lernen ins Gespräch zu kommen. Ebenso wie die Lernbiografie des Lehrers erzieht auch die Lernbiografie der Eltern die Kinder mit. Insbesondere die Grundhaltung der Eltern zur ja für niemanden rein freiwillig ins Leben tretenden Institution Schule spielt eine entscheidende Rolle für die Erwartungen an das Lernen des Kindes. Ganz konkret muss geklärt werden, wer für was als verantwortlich angesehen wird. Erst wenn sich Eltern und Lehrer ihre eigenen Erfahrungen und daraus resultierenden Haltungen gegenseitig verständlich gemacht haben, kann später ein fruchtbares Gespräch über das Kind – und wirklich *über das Kind* – geführt werden. Erst dann ist wirklich eine gesunde Basis für gemeinsame Entschlüsse *für* das Kind gegeben.

Das seiner Vorbedingungen bewusste und als solches erst wirklich offene Gespräch zwischen Eltern und Lehrern über das Kind kann dann in der vierten Klasse angegangen werden. Die Eltern füllen erstmals einen Fragebogen zum Kind aus – im Vorjahr einen zur eigenen Schulbiografie. Die Kinder tun das erstmals in der fünften Klasse. Die sechste Klasse hat sich in unserem Versuch als geeignet erwiesen, alle Erziehungsbeteiligten in einem Raum zusammenzubringen. Das mag aber von Klasse zu Klasse, von Lehrer zu Lehrer anders gesehen und gestaltet werden.

Was Rudolf Steiner über Zeugnisse sagt

Als Rudolf Steiner 1919 die erste Waldorfschule in Stuttgart impulsierte, hielt er den zukünftigen Lehrern im Zeitraum von knapp drei Wochen vierzehn Vorträge über *Allgemeine Menschenkunde als Grundlage der Pädagogik* und vierzehn Vorträge über *Methodisch-Didaktisches*. Er hielt außerdem drei Vorträge zum Lehrplan und führte fünfzehn Seminarbesprechungen mit dem angehenden Kollegium durch.[7] Zur Frage der Zeugnisse äußerte er sich dabei kein einziges Mal. Am Ende der allerletzten Seminarbesprechung fragte dann ein wachsamer Kollege nach, «ob man Zeugnisse geben soll?»[8]

Rudolf Steiners Antwort war radikal: «Solange die Kinder in derselben Schule sind, wozu soll man da Zeugnisse geben?»[9] Er nutzte den durch die Frage gegebenen Anlass, seine Haltung zu «Zensuren» unmissverständlich klarzustellen: «Es würde also im ganzen Unterricht die Beurteilungssucht, die der Lehrer sich dadurch anzieht, dass er jeden Tag Noten ins Notizbuch notiert, umgedreht werden in den Versuch, in jedem Moment dem Schüler immer wieder und wiederum zu helfen und gar keine Beurteilung an die Stelle zu setzen.»[10]

Nicht nur diese Position, sondern vor allem ihre pädagogische, moralische und beziehungsbildende Motivation sind sträflich preisgegeben worden. Rudolf Steiner begründet seinen radikalen Schritt, «gar keine Beurteilung an die Stelle zu setzen», so: «Der Lehrer müsste sich ebenso eine schlechte Note geben wie dem Schüler, wenn der Schüler etwas nicht kann, weil es ihm dann nur noch nicht gelungen ist, es ihm beizubringen.»[11] Er stellt heraus, dass es sich um einen Prozess gegenseitiger Erziehung handelt. Und kommt zu dem Schluss: «In der Schule müssen wir durchaus die Stimmung geltend machen, dass das [Beurteilen] eben für uns [...] nicht in erster Linie eine Bedeutung hat. Diese Stimmung müssen wir verbreiten wie eine moralische Atmosphäre.»[12]

Rudolf Steiners radikale Position will genau verstanden werden. Das Beurteilen darf «nicht in erster Linie eine Bedeutung» haben. Warum? Weil es eine ganz bestimmte «moralische Atmosphäre» in der Schule schafft, wenn ständig bewertend gedacht, gefühlt und gehandelt wird. Es ist tatsächlich ein radikaler Unterschied, wenn die Bewertung ganz weggelassen wird. Und darum geht es hier. Jeder Lehrer muss sich deutlich bewusst machen, wo er in dieser Frage steht. Beurteile ich viel, mische ich mich ständig beurteilend in die Entwicklung meiner Schüler ein? In welchen Bereichen tue ich dies? Welche «moralische Atmosphäre» bringe ich in meine Klassen hinein?

Wesentlich erscheint mir, wie Rudolf Steiner die Frage der «Beurteilungssucht» an die Notwendigkeit der Selbsterziehung des Lehrers anknüpft, indem er sagt, «der Lehrer müsste sich ebenso eine schlechte Note geben wie dem Schüler».[13] Ich kann also ansetzen, in diesem Feld tätig zu werden, indem ich mich frage: Wie bringe ich eine «moralische Atmosphäre» in mir selbst hervor? Bin ich mir bewusst, dass ich sie *selbst* hervorbringe? Oder erlebe ich mich *genötigt,* moralisierend und ständig bewertend aufzutreten? Was nötigt mich dazu? Kann ich es als *Not* erleben, mich derart verhalten zu *müssen?* Die Beurteilungssucht, das stellt Steiner völlig unmissverständlich heraus, verdirbt gerade die Selbsterziehung des Lehrers, der schließlich dieser Sucht erliegt und es sich somit selber schwer bis unmöglich macht, auf seine Schüler motivierend zu wirken.

Der Beginn einer bewussten, selbstbestimmten Gestaltung dieser Situation besteht darin herauszufinden, ob wir der «Beurteilungssucht» schon erlegen sind oder nicht. Dass diese nicht nur beim Schreiben von Zeugnissen wirksam wird ist ebenso deutlich wie die Tatsache, dass sie sich gerade beim Aufschreiben von Noten manifestiert.

In der Lern*gemeinschaft* von Lehrer und Schüler, die Steiner uns eröffnet, führt das Beurteilen eben beide Seiten in die Sackgasse. Da ich in der Waldorfschule als Lehrer nicht als ein über dem kindlichen Lernprozess thronender Fachmann meines Wissensgebietes wirksam werde, sondern mit *meinem Weltinteresse* und *meiner eigenen Lernfähigkeit* erziehe, erzeugt das abschließende Geben von Beurteilungen eine Asymmetrie, die den zuvor durchlebten gemeinschaftlichen Lernprozess ad absurdum führt. Es sei denn, die Schüler würden dem Lehrer ebenfalls Noten geben. Spätestens bei dieser Vorstellung ist mit Händen zu greifen, dass Beurteilung nichts anderes darstellt als ein Vergiften der «moralischen Atmosphäre», in die jeder Lernprozess getaucht ist, weil er als ein Prozess zwischen Menschen existiert.

Wir können also ganz schlicht festhalten: Rudolf Steiner hatte ursprünglich keine Intention, Zeugnisse *anders* zu gestalten. Er wollte einfach keine! Und das aus guten Gründen – an die es sich zu erinnern, die es neu zu beleben gilt. Dass Steiner später auch andere Haltungen zum Thema Zeugnisse eingenommen hat, werde ich im Kapitel zur *Kritik der gängigen Praxis* behandeln.

Zweiter Ausflug in den Hintergrund: Ermutigung für Menschen, die dem Reden misstrauen

«Wenn du etwas wissen willst und es durch Meditation nicht finden kannst, so rate ich dir, mein lieber, sinnreicher Freund, mit dem nächsten Bekannten, der dir aufstößt, darüber zu sprechen. Es braucht nicht eben ein scharf denkender Kopf zu sein, auch meine ich es nicht so, als ob du ihn darum befragen solltest: nein! Vielmehr sollst du es ihm selber allererst erzählen. Ich sehe dich zwar große Augen machen, und mir antworten, man habe dir in frühern Jahren den Rat gegeben, von nichts zu sprechen, als nur von Dingen, die du bereits verstehst. Damals aber sprachst du wahrscheinlich mit dem Vorwitz, *andere,* ich will, dass du aus der verständigen Absicht sprechest, *dich* zu belehren, und so könnten, für verschiedene Fälle verschieden, beide Klugheitsregeln vielleicht gut nebeneinander bestehen.»[14]

Mit diesen Sätzen legt Heinrich von Kleist in seiner kleinen Schrift *Über die allmähliche Verfertigung der Gedanken beim Reden* den Grundstein für eine zukünftige Kommunikationskunst. Er spricht, es ist uns nicht entgangen, eine abwesende Person an – und er hat dabei konkret seinen «lieben, sinnreichen Freund» Rühle von Lilienstern, dem die Schrift im Untertitel gewidmet ist, im Sinn.

Kommunikation ist immer konkret, wenn sie denn Kommunikation ist. Sie richtet sich an eine konkrete Person oder an konkrete Personen. Diese Direktheit führt dazu, dass der Angesprochene von Anfang an als Person in den an ihn gerichteten Worten anwesend ist. «Ich sehe dich zwar große Augen machen, und mir antworten»: Der Angesprochene arbeitet an der ihm konkret zugedachten Aussage mit! Das ist Kommunikation: die Ver*mittelung* zwischen zwei oder mehreren Personen.

Das veraltete linguistische Konzept, das den Sender sauber vom Empfänger einer Nachricht trennen will, macht, sofern wir tatsächlich Kommunikation betrachten und nicht Nachrichtentechnik, keinen Sinn. Kommunikation sucht die Mitte zwischen den Beteiligten, sie ist, als Vorgang, nichts anderes als die Mitte zwischen den Beteiligten, die sich in allen um sie herum gemachten Äußerungen selbst sucht – und zwingend findet. Gerade das misslungene Gespräch, wir wissen das, hinterlässt ein Defizit, das als fehlende Mitte, als schmerzhaft noch ausstehende Vermittlung wirksam bleibt.

Kleist gibt also den Ratschlag, sich mit einem Problem, das man alleine nicht lösen kann, an einen anderen Menschen zu wenden und es ihm darzustellen. Ansprüche an diese Person werden dabei nicht erhoben, wie er deutlich macht, wenn er heraushebt, es müsse «nicht eben ein scharf denkender Kopf» sein, gegenüber dem man sich ausspricht. Kleist weiß, dass seine Grundlegung einer neuen Kommunikationsoffenheit moralische Konventionen über Bord wirft: «man habe dir in früheren Jahren den Rat gegeben, von nichts zu sprechen, als nur von Dingen, die du bereits verstehst». Aber es geht beim Verständnis *suchenden* Gespräch eben nicht darum, *andere,* sondern *sich* selbst «zu belehren». Erst diese Grundumwendung (lateinisch: Revolution) der Gesprächsabsicht bringt die neue Kommunikationsoffenheit hervor.

Auch heute noch fürchten Menschen, für unbedachte Äußerungen ausgelacht zu werden. Die moralische «Belehrungs»-Komplikation der Kleist-Zeit scheint sich heute in ein eher persönlich-psychologisches Problem verwandelt zu haben. Heute hindert eine Fülle scheinbar guter Gründe die Betreffenden daran, offen zu sagen, was sie denken, und ehrlich auszusprechen, was sie empfinden. Für diese dem Reden Misstrauenden soll hier der Vorschlag Kleists, der bekanntlich eine äußerst schwierige Persönlichkeit war, erläutert werden. Wer öfters die Erfahrung machen musste, sich nicht richtig ausdrücken zu können, oder durch erfahrene Missverständnisse zu der Haltung gekommen ist, es gäbe Dinge, über die zu reden es sich nicht lohne, dem kann Kleist, der genial Problematische, neues Vertrauen geben. Versetzen wir uns in die Situation hinein, die Kleist beschreibt:

«Damals sprachst du wahrscheinlich mit dem Vorwitz, *andere* [...] zu belehren.» Wir dürfen den etwas zu selbstbewussten jungen Mann, der einem staunenden, älteren Publikum die Welt erklärt, schmunzelnd imaginieren. Der «Vorwitz», andere zu belehren, reitet ja nicht nur übermotivierte Jünglinge. Kleists Vorschlag ist so verblüffend wie radikal: «Ich will, dass du aus der verständigen Absicht sprechest, *dich* zu belehren.»

Nicht um anderen zu *sagen,* was wir denken, sondern um für uns selbst *herauszufinden,* was uns als Problem unklar bedrängt und beschäftigt, rät Kleist, uns auszusprechen. Das von ihm vorgeschlagene Sprechen klärt uns nicht über die Haltungen und Absichten der anderen auf, es macht uns etwas über uns selber deutlich! Etwas, das bereits in uns liegt, das wir aber ohne uns auszusprechen nicht gefunden hätten. Den eigenen, noch unklaren Standpunkt zu einer Sache rät uns Kleist sprechenderweise herauszufinden. Er schlägt vor, uns *sprechend* in *Beziehung* zu dem Gegenstand zu bringen, über den wir uns unsicher sind.

Wie stellt sich diese Beziehung her?

«Oft sitze ich an meinem Geschäftstisch über den Akten, und erforsche, in einer verwickelten Streitsache, den Gesichtspunkt, aus welchem sie wohl zu beurteilen sein möchte. Ich pflege dann gewöhnlich ins Licht zu sehen, als in den hellsten Punkt, bei dem Bestreben, in welchem mein innerstes Wesen begriffen ist, sich aufzuklären. [...] Und siehe da, wenn ich mit meiner Schwester davon rede, welche hinter mir sitzt, und arbeitet, so erfahre ich, was ich durch ein vielleicht stundenlanges Brüten nicht herausgebracht haben würde. Nicht, als ob sie es mir, im eigentlichen Sinne *sagte* [...]. Auch nicht, als ob sie mich durch geschickte Fragen auf den Punkt hinführte, auf welchen es ankommt, wenn schon dies Letzte häufig der Fall sein mag. Aber weil ich doch irgendeine dunkle Vorstellung habe, die mit dem, was ich suche, von fern her in einiger Verbindung steht, so prägt, wenn ich nur dreist damit den Anfang mache, das Gemüt, während die Rede fortschreitet, in der Notwendigkeit, dem Anfang nun auch ein Ende zu finden, jene verworrene Vorstellung zur völligen Deutlichkeit aus [...].» Kleists Schlussfolgerung: «Der Franzose sagt, l'appétit vient en mangeant [der Appetit kommt beim Essen], und dieser Erfahrungssatz bleibt wahr, wenn man ihn parodiert, und sagt, l'idée vient en parlant [der Gedanke kommt beim Sprechen].» «Es liegt ein sonderbarer Quell der Begeisterung für denjenigen, der spricht, in einem menschlichen Antlitz, das ihm gegenübersteht; und ein Blick, der uns einen halb ausgedrückten Gedanken schon als begriffen ankündigt, schenkt uns oft den Ausdruck für die ganze andere Hälfte desselben.»

Mit schlichten, modernen Worten kann man sagen: Das Vertrauen, das im Zuhören liegt, bestärkt auch einen sich seiner Sache noch nicht völlig klaren Sprecher. Diese Erfahrung, die Kleist, der Schwierige, erstmals beschrieb, ist eigentlich jedem bekannt: Wenn ich mir sicher bin, dass der andere mir vertrauensvoll zuhört, vermag ich auch auszusprechen, was zu denken oder vorzustellen mir bislang unmöglich erschien. Der Vertrauensvorschuss, den der wirklich Zuhörende dem Sprechenden gibt, hilft diesem nicht nur, sich überhaupt auszusprechen. Er hilft, im Sprechen auf das Wesentliche zu kommen. Dass Kleist damit die therapeutische Wirkung des Sprechens mit aufzudecken begonnen hat, wird deutlich.

Wer Gesprächen misstraut, mag sich vor Augen führen, welche Möglichkeit der Klärung seiner selbst er sich entgehen lässt, solange er schweigt. Wer zum Beispiel als Lehrer beruflich sich auszusprechen genötigt ist, kann sich vom Kleist'schen Fund begeistern und erleichtern lassen. Ich muss noch nicht alles wissen, wenn ich zu reden beginne! Ich darf das Reden dazu benutzen, um herauszufinden, was mir gedanklich noch nicht klar ist. Die geheimnisvolle Kraft, die Kleist im Reden entdeckt hat, besteht darin, dass echte Kommunikation eine Quelle der Menschlichkeit ist.

Kritik der gängigen Praxis

«Es ist so, dass sich durch eine solche, auf Menschenkenntnis beruhende Unterrichts- und Erziehungspraxis manches als notwendig einstellt, was sonst nicht bemerkt wird. [...] Ich muss gestehen, dass es mir außerordentlich schwer werden würde, zurechtzukommen an der Waldorfschule, wenn ich die in Deutschland übliche Zeugnismode mitmachen müsste. Ich könnte es nicht gut, aus dem einfachen Grunde: Ich konnte mir nie einen Unterschied aneignen zwischen dem, was eine ‹befriedigende›, ‹fast befriedigende›, ‹genügende›, ‹fast genügende›, ‹kaum genügende› und so weiter Leistung in der Schule ist, was dann noch in Ziffern gebracht wird [...]: 4½, 3, 3–4 und so weiter. Für diese okkulten Zusammenhänge hatte ich nie im Leben ein Verständnis entwickeln können!»[15]

So erfrischend polemisch klang Rudolf Steiner 1921. Trotzdem war er und seine im zweiten Schuljahr begriffene Neugründung da bereits auf dem Weg, sich der Konvention zu beugen:

«Das Kind bekommt, wenn es am Schluss des Jahres in die Ferien geht, allerdings ein Zeugnis. Da steht aber eine Art vom Lehrer ganz individuell für das Kind verfasstes Spiegelbild drinnen, etwas Biografisches über das Jahr, und es hat sich überall gezeigt, die Kinder nehmen das mit einer großen Befriedigung auf. Sie lesen da ihr Bild, das man entwirft mit einem entsprechenden Wohlwollen, aber durchaus nicht gefärbt, nicht etwa, dass man etwa irgendwelche Schönfärberei dabei übt. Sie nehmen das mit einer großen Befriedigung hin. Und dann lassen wir einen Spruch folgen, ganz individualisiert für jedes Kind, den jedes Kind in sein Zeugnis hineingeschrieben bekommt. Und dieser Spruch bildet dann für das nächste Jahr eine Art Lebensbegleitspruch. Das ist etwas, was sich, wie ich glaube, schon bewährt hat und auch später noch bewähren wird, mag man es auch sonst nach einem in Deutschland beliebt gewordenen Ausdruck einen ‹Zeugnisersatz› nennen.»[16]

Mit großem Stolz und zwei ausgezeichneten Ideen – den biografischen Spiegelbildern und den Zeugnissprüchen – setzte sich die Waldorfschule von der «in Deutschland üblichen Zeugnismode» ab, doch der anfängliche Elan des Gar-nichts-an-ihre-Stelle-Setzens in Bezug auf Zeugnisse war verflogen. Dass der «Beurteilungssucht» damit unmerklich wieder die Tür geöffnet wurde, blieb vorerst unerkannt.

Das entscheidende Kriterium bei beiden neuen Ideen heißt «individualisiert». Und das daraus resultierende Selbstverständnis formuliert sich im Kompendium *Zum Unterricht des Klassenlehrers an der Waldorfschule* durch Dieter Centmayer wie folgt: «Das Textzeugnis gehört wie die gesamte Waldorfpädagogik zu den revolutionärsten Neuerungen im Erziehungswesen überhaupt.»[17]

Aber betrachten wir genau, was Steiner fordert: Ein mit Wohlwollen, aber ohne Schönfärberei vom Lehrer für das Kind verfasstes «Spiegelbild, etwas Biografisches über das Jahr», das die Kinder «mit großer Befriedigung hinnehmen». Zeugnisse werden also nicht nur *über*, sondern vor allem *für* die Schüler geschrieben. Dabei fällt auf, wie abwegig die an manchen Schulen gängige Praxis ist, die Beurteilungen bis zu festgelegten Klassenstufen nur für die Eltern zu schreiben. Dieser Ausschluss der Kinder entmündigt die eigentlichen Adressaten. Nachvollziehbar daran bleibt nur der Versuch, die Kinder von der lehrerseitigen Beurteilungssucht unbehelligt zu lassen. Gleichzeitig aber offenbart es das Zeugnisgeben als verbergenswerten Akt. Schon allein dieser Vorgang ist für Kinder nichts anderes als ein schlechtes Beispiel des Ausschlusses von der sie betreffenden Kommunikation.

Kinder sollen ihre eigenen Zeugnisse «mit Befriedigung» lesen – das ist die Mindestforderung, die Rudolf Steiner aufstellt, nachdem er die große Chance, keine Zeugnisse zu geben, vorüberziehen ließ. In der bereits zitierten Auseinandersetzung von Dieter Centmayer mit dem Titel *Zeugnis schreiben – Freud oder*

Leid?[18] wird herausgestellt, wie sehr Steiner «in vielen Dingen auf die Fragen und Bedürfnisse der Menschen um sich herum eingegangen ist» und «innovative Lösungen angeboten» hat.[19] So in der genannten Form auch bei den Zeugnissen.

Das «mit einem entsprechenden Wohlwollen» entworfene, angeblich «charakterisierende» Bild ist zum Leitstern des Schreibens von Waldorf-Textzeugnissen geworden. Centmayer sagt: «Diese Art des Zeugnisschreibens könnte man als eine goetheanistische bezeichnen. In einzelnen Phänomenen drückt sich gewissermaßen das ganze Wesen aus.»[20] «In der konkreten, lebendigen Schilderung eines einzigen Vorganges charakterisiert man gleichzeitig das allgemeine Verhalten des Kindes, seinen Bewegungsduktus, seine Schrift und seine Rechenkenntnisse.»[21] Denn: «Besonders gerne werden von Eltern Zeugnisse aufgenommen, in denen es der Klassenlehrerin oder dem Klassenlehrer gelingt, das Kind im Rahmen eines Bildes zu charakterisieren.»[22]

Zusammenfassend stellt Centmayer fest: «Dies ist überhaupt der grundsätzliche Schlüssel für die Zeugnis-Charakterisierung: die sachliche Beschreibung der Wahrnehmungen aus Liebe zu dem Kind. Bewertungen können dann ganz in den Hintergrund treten.»[23] Mit dieser Bemerkung deutet Centmayer an, dass ihm bewusst ist, wie sehr das zeugnisförmige «Beschreiben» selbst das Problem darstellt. Verschärft zeigt sich dieses Bewusstsein in seiner Bemerkung: «Generell könnte man sagen: In der schriftlichen Mitteilung ist es günstiger, wenn alles von einem positiven Licht beleuchtet wird. Die schwierigen Dinge übermittelt man besser mündlich im Elterngespräch.»[24] Denn ihm ist aufgefallen: «Wer ein wenig Erfahrung mit dem Erstellen eines Berufszeugnisses für einen betrieblichen Mitarbeiter hat, der weiß, wie vorsichtig man im Berufsleben mit der schriftlichen Beurteilung eines Menschen sein muss. Jede negative Formulierung ist angreifbar, denn der Mensch fühlt sich schnell in seiner Würde verletzt. Auch in unseren Kindern macht sich – mit jeder neuen Kindergeneration immer stärker – das Gefühl der eigenen Ichheit bemerkbar, und die Würde des Kindes ist ebenso verletzlich wie die eines Erwachsenen.»[25]

Aus diesen Erfahrungen, der Angreifbarkeit schriftlicher Formulierungen und der Gefahr, beim Bewerten die Würde des Einzelnen zu verletzen, zogen wir bei unserem Pilotprojekt die Konsequenz, indem wir die Zeugnisse in der bestehenden Form abschafften. Auch Centmayer ist fast schon so weit, wenn er einzig dem Gespräch zutraut, die «schwierigen Dinge» zu vermitteln. Warum sollen aber stets nur sogenannte «Problemgespräche» geführt werden? Warum nicht auch das Positive *aussprechen?*

Im Gespräch, wie wir es bei unseren «Dialogzeugnissen» führten, löst sich auch das Problem der «negativen Formulierungen». Denn erstens kann ich mich einem Sachverhalt, den ich kritisierend ansprechen möchte, im Gespräch vorsichtig nähern, kann in Erfahrung bringen, wie es um das Problembewusstsein der anderen Partei aussieht. Zweitens können Missverständnisse ebenso wie anders lautende Eindrücke und Ansichten unmittelbar festgestellt und ausgeräumt werden. Das Gespräch erweist sich hier schlichtweg als die menschlichere, die menschengemäßere Form. Bewertung, im Gespräch geübt, verdient erst *Einschätzung* genannt zu werden, wenn sie die einsame Anmaßung des Urteilens ablegt und sich dem Menschen, den sie meint, aufgeschlossen zeigt.

Auch das von Rudolf Steiner angeregte «Charakterisieren» lässt sich im Gespräch wesentlich besser betreiben als am Schreibtisch. Schon allein deshalb, weil im Gespräch sehr viel mehr mitgeteilt werden kann. Wenn ein mühsam geschriebenes Zeugnis vierzig Sätze aufweist, ist es umfangreich. Dieselben vierzig Sätze lassen sich problemlos in fünf Minuten aussprechen. Sie können gehört und in weiteren fünf Minuten beantwortet werden. Damit ist ein zehnminütiges Gespräch bereits doppelt so gut wie ein ganzes Zeugnis.

Selbst wenn wir die Verdichtung während des Schreibens und die eventuell zunehmende Verständlichkeit beim Mehrmals-Lesen abziehen, bleibt deutlich, dass ein Gespräch, das nicht auf das Problematische reduziert wird, eine sprudelnde Quelle der Betrachtung eines Kindes sein kann, gegenüber der sich das Zeugnis als staubtrockenes, von der Qual seiner Entstehung angekränkeltes und dem Fluch seiner Unform vergiftetes Blatt ausnimmt.

Im Gespräch wird möglich, was Steiner im Grunde will: Die Kinder sollen erleben, dass der Lehrer sie «biografisch über das Jahr» hin wahrgenommen hat und diese Wahrnehmung ihnen nun in «wohlwollender» Weise wiedergibt. Wenn dies in der Anwesenheit der Eltern geschieht, ist es nicht nur für diese ebenso befriedigend wie für das Kind, sondern noch deutlich befriedigender, als es aufgeschrieben zu lesen.

Das klassische Zeugnis hingegen behält immer das letzte Wort. Ja, es ist als letztes Wort *gemeint!* Als Antwort wird nur die Verhaltensänderung akzeptiert. Eine andere, etwa verbale Antwort ist auch gar nicht vorgesehen. Wenn du dein Zeugnis liest, bin ich schon in den Ferien. Die Geste des Bewertens selbst, das Sprechen von der Kanzel herab, das Fällen eines Urteils *als letztem Wort* ist in meinen Augen im Zusammenhang mit dem Lernen ein unverzeihlicher Fehler.

Darauf zielt auch Rudolf Steiners Kritik an der «Beurteilungssucht». Das Lernen ist ein Prozess mit vielen Stufen und einem reich differenzierten Bild sich durchaus auch widersprechender Entwicklungen, dem keine wie auch immer geartete oder wann auch immer geäußerte Endbewertung gerecht wird. Diese Unberechtigung schlägt als *Ungerechtigkeit* mit voller Wucht auf die Bewerteten durch – und auf den Bewertenden zurück. Deshalb vergiften Zeugnisse die «moralische Atmosphäre» des Lernens und sind kontraproduktiv. Zeugnisse wollen das letzte Wort behalten. Diese auf das verurteilende Abschließen hin konzipierte Geste schadet dem Lernen zutiefst, das ein lebendiger, nie abgeschlossener Vorgang sein soll. Zeugnisse sind ein Verrat am Lernenden und eine Blamage für jeden, der sie schreibt. Zeugnisse sind ein bürokratischer, einsam vollzogener und einsam machender Akt, der keinen pädagogischen Wert hat, weil er nur von einem wirklich Zeugnis ablegt: Von der Feigheit, sich in eine reale und persönliche Auseinandersetzung zu begeben.

Erstaunlicherweise wird in Waldorf-Zusammenhängen nie bedacht, dass ein geschriebenes Zeugnis eine *Konserve* darstellt. Das lebendige Denken und Wahrnehmen des Lehrers kann sich im besten Fall darin spiegeln. Aber als kommunikative Situation ist es so tot wie eine CD als Gegenstand. Die Kunst, ein Zeugnis zum Klingen zu bringen, besteht ganz einfach darin, es zu besprechen. Und zwar am besten mit den Betroffenen. Centmayer hat auch in diesem Zusammenhang Entscheidendes bemerkt, wenn er schreibt: «Nun macht es einen eminenten Unterschied, ob ich zum Beispiel einen Tadel mündlich äußere oder ob ich ihn schriftlich niederlege. Hat man die Sache einmal schwarz auf weiß [...] vor sich, dann ist sie wie manifestiert. Meine vergangenen Taten werden archiviert. Man kann sie nicht mehr abschütteln. Werden sie mündlich angesprochen, dann bleibt eine gewisse Freiheit. Letzteres wirkt mehr in die Zukunft, gibt Chancen und Hoffnungen.»[26]

Dem ist zur Kritik der gängigen Praxis nichts hinzuzufügen.

Stil und Kriterien des Jahresgesprächs

Für den ersten Durchgang der Dialogzeugnisse hatten wir eine Reihe von zentralen Merkmalen aufgestellt, die den Stil unserer Gespräche – ich habe diesen die *Gestalt* genannt – prägen sollten. Außerdem wurden einige inhaltliche Kriterien festgelegt, die sozusagen das Handwerkszeug bilden sollten. Beide Aspekte möchte ich im Folgenden stichwortartig darstellen.

Wir nannten den zentralen Vorgang der Dialogzeugnisse *Jahresgespräch*, weil in ihm die Entwicklung eines Kindes im Zeitraum *eines* Jahres betrachtet und besprochen wird, wobei dieser keinesfalls deckungsgleich mit der Zeitgestalt Schuljahr sein muss. Wie oft ein solches Gespräch geführt wird, sollte an inneren, nicht an äußeren Gegebenheiten orientiert werden. Wir verteilten unsere Gespräche zudem auf ein halbes Jahr – nach den Weihnachtsferien beginnend –, da es weder von der eigenen Belastung her sinnvoll noch inhaltlich notwendig ist, sie am Schuljahresende zu führen. Gerade die Abkehr von der Damoklesschwert-artigen Bedeutung des Schuljahresendes war uns wichtig. Schließlich geht die Entwicklung eines Menschen immer weiter, alle gesetzten Zäsuren sind ebenso künstlich wie willkürlich.

Besonders im Sommer steht niemandem der Sinn nach Einkehr und Besinnung, sondern nach Aufbruch und Erholung. Diese wurden für die Beteiligten möglich, und eine erfreuliche, vom einsam verbüßten Stress der kontraproduktiven Zeugnisschreiberei befreite Zeit im Dialog mit den Mitmenschen entstand. Plötzlich konnte auch darüber nachgedacht werden, was einen echten, feierlichen und ferien-fröhlichen Abschluss des Schuljahres bilden könnte. Noch rasch ein kleines Klassenspiel im Freien inszenieren, und damit gut? Aber ja!

Stil-Merkmale

1. Empathie
Lebendig-präsente Gesprächspartner können sich gegenseitig ihre Wahrnehmungen nicht nur aufzeigen, sondern sich diese gegenseitig *einfühlbar machen*. Ich *erlebe* in einem Gespräch mein Gegenüber physisch und seelisch. Ich höre, wie seine Stimme kräftig oder zögerlich artikuliert, sehe seine verkrampfte oder entspannte Sitzhaltung. Ich schwinge mit seinen seelischen Regungen, erlebe Not und Selbstbewusstsein, kann Schutzbedürftigkeit und Freude mitempfinden.

Mit empathischer Aufmerksamkeit in ein Gespräch zu gehen, sich selbst zum Empfänger der nicht-intellektuellen seelischen Botschaften des anderen zu machen bildete unsere Grundhaltung im Gespräch. Diese wirkte sich stark auf unsere Gegenüber aus. Die Kinder fühlten sich vertrauensvoll aufgenommen, die Eltern erlebten Offenheit und Zugewandtheit.[27]

2. *Dialog*
Gegenseitiges Zuhören eröffnet einen neuen sozialen Raum. Ich will als Lehrer im Gespräch ja nicht nur meine eigenen Anliegen mitteilen. Ein wesentlicher Grund, Gespräche zu führen, besteht darin, dass ich in ihnen *erfahren* kann, wie das Kind sich selbst sieht. Es erweitert meinen pädagogischen Spielraum entscheidend, zu hören, wie der Schüler sich selbst einschätzt, wo er Interessen und Stärken empfindet und wo Schwierigkeiten. Ich möchte *hören,* was ihm Freude bereitet, worüber er besorgt ist, wovor er sich drückt und was ihn beflügelt.

Die Eltern frage ich zum Beispiel, wie das Kind Hausaufgaben macht, was es außerschulisch noch unternimmt, welche Erwartungen sie an das Kind und an mich, den Lehrer, haben. Ich frage genau nach, wie sie ihrem Kind begegnen. Ich trete mit ihnen in ein Gespräch darüber ein, ob sich unsere Sichtweisen decken oder nicht. Der Dialog ist der Beginn einer wirklichen *gemeinsamen Verantwortung* für den Lern- und Entwicklungsprozess *aller Parteien.*

Um wirklichen Dialog zu garantieren, reicht es in meinen Augen nicht, sich vorzunehmen, dass man sich gegenseitig zuhört, aussprechen lässt et cetera. Dazu gehört auch eine bewusste Strukturierung der Kommunikationssituationen, das *Setting*. Wir etablieren das beschriebene Setting des Dialogs Lehrer-Schüler, dann des Dialogs Eltern-Lehrer mit den entsprechenden Schritten. Jeder, der Gespräche führen will, muss große Mühe darauf verwenden, das Setting gut zu durchdenken, und sich bei jedem Element genau befragen, was mit ihm erreicht werden soll und wodurch die angestrebte Wirkung erreichbar werden kann.

Am Besten entsteht das Setting ebenfalls im Gespräch. Wer die Gelegenheit hat, einem Außenstehenden mit Erfahrungen in

Gesprächsführung seine Pläne zur kritischen Betrachtung darzustellen, kann davon ungeheuer profitieren. Uns war es zudem stets wichtig, die vorbereitete Struktur zu Beginn des Gesprächs noch einmal zu erklären und die Anwesenden um Einverständnis zu bitten.

3. Zielsetzung

Wahrnehmung ist schön, muss aber nicht zielführend sein. Wir können viele Stunden lang Eindrücke beschreiben und uns über Gemeinsamkeiten oder Gegensätze austauschen. Aber nicht nur der wertschätzende Rückblick, sondern vor allem auch der zielsetzende Ausblick sollte im Gespräch gemeinsam unternommen werden.

Anhand der Übereinstimmungen wie auch der Konfliktlinien, die im Rückblick sichtbar werden, können *übereinstimmend* neue Ziele formuliert werden. Für ein Gespräch, das anstelle von Zeugnissen geführt wird, kann das Ziel in gemeinsam erarbeiteten, im besten Fall im Einverständnis entstandenen konkreten Schritten bestehen, die zur Verbesserung wahrgenommener Probleme gegangen werden sollen. Wir hatten uns jeweils im letzten Gesprächsdrittel die Aufgabe gestellt, solche gemeinsamen Beschlüsse herbeizuführen und sie sogar bis in den Wortlaut, der nachher im erwähnten Zeugnis-Brief stehen würde, gemeinsam zu formulieren.

Die erworbenen Erkenntnisse sollten über die seelische Ebene der Einigung hinaus zu gemeinsamen Willens-Bekundungen werden. «Je mehr wir vereinbaren, desto mehr hat Ihr Kind im nächsten Schuljahr davon», lautete meine Ausgangsposition. In etlichen Fällen gelang die gemeinsame Formulierung gut. Gerade dort, wo wir über «Schwächen» von Schülern sprachen, wirkte der gemeinsame Entschluss, Hilfe der einen oder anderen Art zu suchen, äußerst wohltuend. Das gelungene Gespräch bringt Tat-Impulse hervor, die sich gut anfühlen, weil sie nicht erzwungen, sondern gemeinsam *eingesehen* sind.

4. Wertschätzung

Dieter Centmayer hat in seinen oben zitierten Überlegungen zum Zeugnisschreiben herausgestellt, dass Tadel, «werden sie mündlich angesprochen, [...] eine gewisse Freiheit» lassen und damit «mehr in die Zukunft» wirken»; der mündliche Austausch bringe «Chancen und Hoffnungen» ans Licht.[28] Dies gilt ebenso für alles, was als erreicht und gelungen beschrieben werden kann.

In unseren Gesprächen war der Blick auf Gelungenes in Form von Arbeiten aus einem Epochenheft fester Bestandteil. Diese konkrete Wertschätzung eines Arbeitsresultats bildete jeweils den Abschluss des Gesprächs mit den Schülern und rundete es wohlwollend ab. Dass die Haltung der Wertschätzung zu den Grundlagen einer waldorfpädagogisch motivierten Einschätzungskultur gehört, versteht sich von selbst. Für jedes Gespräch war es unerlässlich, sich aus der vertieften vorbereitenden Beschäftigung mit dem Kind konkrete Gegenstände der Wertschätzung zurechtzulegen.

5. Selbstkritik

In jedem Gespräch treten Wahrnehmungsunterschiede auf. Diese sind als Anlass für Klärung zu begrüßen. Um sie produktiv zu machen, ist der entscheidende Schritt notwendig, nicht in Rechtfertigungsdiskussionen zu geraten, sondern sich zu fragen: «Was kann *ich* daran ändern?» Als Schüler, als Lehrer, als Elternteil. Und: gemeinsam! Das gelingt, wenn ich mich bei den festgestellten Unterschieden danach frage, welche Veränderungen meiner Einstellung oder meines Handelns die Differenz auflösen können.

Genau das bedeutet in meinen Augen «Selbstkritik». Im Vorgang der Selbstkritik geht es nicht darum, mich selbst anzuklagen, schlecht zu machen oder sonst irgendwie abzuwerten. Entscheidend ist, dass jeder Gesprächsbeteiligte sich selbst fragt, was denn einem veränderten Handeln im Wege steht. Wird die

Angelegenheit einmal so an den Verantwortlichen zurückverwiesen, kann daraus eine Haltung der gegenseitigen Hilfe hervorgehen, die ja letzten Endes alle wollen.

6. Motivation

Wie die Kinder leistungsmäßig, sozial und künstlerisch in ihrer Klasse stehen, wissen sie selber ganz genau. Ihnen unsere Einschätzung mitzuteilen ergibt daher nur Sinn, wenn beide Wahrnehmungen miteinander verbunden werden und für die Schüler eine neue Motivation aus diesem «Wahrnehmungsvergleich» entspringt. Es ist also darüber zu reden, durch welche Mittel und Techniken jeder Einzelne sich verbessern oder seine Schwierigkeiten beseitigen kann.

Bei leistungsstarken Schülern wird es darauf ankommen, sie mit Nachdruck zu loben, ihnen weiter gesteckte Ziele aufzuzeigen und sie mit demselben Nachdruck auf Schwächen hinzuweisen. Bei «mittleren» Schülern wird wesentlich sein, ihnen Sicherheit zu vermitteln und Wege zu finden, auf denen sie selbst ihre Sicherheit ausbauen können. Entscheidend erscheint es mir, ihnen Mut zu geben, sich zu steigern.

Die sogenannten «Schwachen» sind erfahrungsgemäß diejenigen, die sich für die Gespräche am Dankbarsten zeigen und sich nachhaltig öffnen. Es gilt, sie zu motivieren, ihre Schwierigkeiten anzupacken. Hier geht es meistens um ganz konkrete Maßnahmen wie Nachhilfe, Hausaufgabenbetreuung, Arbeitsorganisation et cetera. Diese mit den Kindern zusammen zu planen kann sehr wirkungsvoll sein.

Inhaltliche Kriterien

Die inhaltlichen Kriterien bildeten Leitlinien für die Fragen, die im Gespräch behandelt wurden. Sie wurden von Kind zu Kind anders gewichtet und auf jeweils konkrete Beispiele bezogen. Jeder Lehrer, der Gespräche führt, wird hier eigene Schwerpunkte finden, deshalb skizziere ich unsere Kriterien – die auch nicht den Anspruch auf Originalität, eher auf Wesentlichkeit erheben – ganz knapp.

1. Sozial
In jedem Gespräch bildete die Wahrnehmung der sozialen Situation des Kindes in seiner Klasse einen wichtigen Anteil, oft auch den Ausgangspunkt des Gesprächs. Die soziale Situation wird von jedem Kind stark empfunden und kann, falls sie nicht zu problematisch ist, gut dazu dienen, um für die ungewohnte Situation des Zeugnisgesprächs «auf Temperatur» zu kommen. Auch die soziale Situation zu Hause kann ein wichtiger Gesprächsgegenstand sein. Besonders wertvoll war auch, besondere Gewohnheiten wie etwa spätes Zu-Bett-Gehen, großes außerschulisches Engagement et cetera eingehend zu betrachten und Lösungen und Vereinbarungen zu erreichen.

2. Lernbezogen
Jedem Kind fällt etwas anders schwer. Jedes Kind hat seine eigenen Lernstrategien. Aus jedem individuellen Lernstand ergibt sich ein sozusagen «handwerklich» bedeutsamer Gesprächsbedarf. Die lernbezogenen Fragen orientieren sich am gemeinsamen Arbeiten und am allgemeinen Stand der Klasse.

3. Individualitätsbezogen
Die Würdigung individueller Interessen und Besonderheiten führt in ein wirkliches Erkennen der Persönlichkeit des Kindes. Sie öffnet dem Gespräch Tore. Individualitätsbezogene Fragen orientieren sich an den Erlebnissen aus der persönlichen Beziehung und am Besonderen des jeweiligen Kindes.

4. Künstlerisch
Die Einschätzung der Fähigkeiten eines Kindes darf nicht auf kognitive Leistungen und soziales Engagement beschränkt blei-

ben. In den verschiedenen künstlerischen Arbeitsfeldern des Hauptunterrichts, vom Arbeiten am Zeugnisspruch[29] über das Klassenspiel bis zum Musizieren, Malen und Zeichnen treten Ergebnisse zutage, die als Ausdruck der Individualität zutiefst aufschlussreich sind und die in einem Gespräch äußerst gewinnbringend betrachtet werden können.

Meine Aufzählung versteht sich als Skizze des bis dato Versuchten und Bedachten. Sie erhebt keinen anderen Anspruch, als zu eigenem Nachdenken und Handeln anzuregen.

Dritter Ausflug in den Hintergrund: Versuch über die spirituelle Dimension des heilsamen Sprechens

In der germanischen Mythologie gibt es eine Erzählung, die uns auf überraschende Weise darüber berichtet, warum das Sich-Aussprechen Anlass zu der Hoffnung gibt, über sich selbst hinauszuwachsen. Wir wollen dieses geheimnisvolle Wortgebilde, *Havamal* genannt, befragen, um an ihm mit einem spirituellen Interesse zu verstehen, wie Sprache heilsam wirken kann.

«Das *Havamal* ist ‹des Hohen Lied›: das Lied des Göttervaters Odin also. Der unbekannte Autor des Liedes war bestrebt, den Eindruck zu wecken, als würde der Göttervater selbst zu den Menschen sprechen und Empfehlungen geben. [...] Das dritte Kapitel – ‹Odins Runenlied› – ist der Magie gewidmet. Es beginnt mit einer mysteriösen Szene: Odin hängt neun Tage lang in einem rätselhaften Baum und befreit sich mit Hilfe von Runenzeichen. Runen nämlich sind nicht nur Schriftzeichen, sondern gelten auch als Zaubersymbole mit magischen Kräften.»[30] Im neuhochdeutschen Wortlaut erzählt sich die Geschichte so:

Ich weiß, dass ich hing am windigen Baum
Neun lange Nächte,

Vom Speer verwundet, dem Odin geweiht,
Mir selber ich selbst,
Am Ast des Baumes, dem man nicht ansehen kann,
Aus welcher Wurzel er spross.

Sie boten mir nicht Brot noch Met;
Da neigt' ich mich nieder
Auf Runen sinnend, lernte sie seufzend:
Endlich fiel ich zur Erde.

Hauptlieder neun lernt ich von dem weisen Sohn
Bölthorns, des Vaters Bestlas,
Und trank einen Trunk des teuren Mets
Aus Odhrörir geschöpft.

Zu gedeihen begann ich und begann zu denken,
Wuchs und fühlte mich wohl.
Wort aus dem Wort verlieh mir das Wort,
Werk aus dem Werk verlieh mir das Werk.[31]

Machen wir uns klar, in welcher Lage sich der Gott befindet: Er hängt so hoch in einem Baum, dass er diesem «nicht ansehen kann, aus welcher Wurzel er spross». Der Baum ist «windig», also von Wind durchweht, was nicht betont werden müsste, wäre dieser Wind nicht dem Hängenden spürbar; er wird ihn kräftig durchgerüttelt haben! Und überhaupt: Der Gott sitzt nicht etwa bequem, vom Wind geschaukelt, auf einem hohen Ast. Nein, er «hängt», was sicher die unbequemste Variante eines Baumaufenthalts darstellt. Zu allem Übel scheint er sich dabei noch selbst verletzt zu haben, denn er beschreibt sich als «vom Speer verwundet, dem Odin geweiht».

Ist Odin damit dem Tode nah? Dieser Verdacht wäre begründet, denn «der von Schwarzelben gefertigte Speer Odins, *Gungnir*», ist, so *Herders Lexikon der abendländischen Mythologie*, «mit magischen Kräften ausgestattet. Der Gott kennzeichnete mit ihm diejenigen, die auf dem Schlachtfeld fallen sollen.»[32] Doch der Speer dient nicht nur dieser fatalen Art der «Bezeichnung». Er hat auch die Eigenschaft, «sein Ziel niemals zu verfehlen». Wenn dem so ist, dann hängt Odin hier misslich und verwundet, *weil er selbst es so wollte.* Er selbst war das Ziel seines unfehlbaren Speeres. Die Wunde war nötig, nicht um zu sterben, sondern um einen beispiellosen Entwicklungsfortschritt vorzubereiten:

> Sie boten mir nicht Brot noch Met;
> Da neigt' ich mich nieder
> Auf Runen sinnend, lernte sie seufzend:
> Endlich fiel ich zur Erde.

Die Runen zu erlernen, das Schreiben mit den magischen Schriftzeichen der Germanen, war sein Ziel. Der Baum ist also eine Schule, in der der Gott unter recht extremen, allerdings selbst gestellten Bedingungen lernen will. Und zwar *eigenständig:* Denn niemand unterrichtet ihn. Er hängt bereits, nun «neigt» er sich zusätzlich «nieder» und «sinnt», kopfunter hängend, «auf Runen». Als er sie gelernt hat, fällt er endlich zur Erde. Dies ist der erste mir bekannte pädagogische Absturz eines Einzelnen mit zivilisationsrelevanten Folgen: Denn das Erfinden der Runen durch Odin steht für den Übergang der Germanen von der schriftlosen Kultur zur Schriftkultur.

Die erste Zeile der eben betrachteten Strophe stellte außerdem heraus, dass der verwundete Gott in seiner traurigen Lage zusätzlich zu fasten hatte; «nicht Brot noch Met» wurden ihm zur Stärkung gereicht – und das neun Tage lang! In der nächsten Strophe ist dann endlich doch von einer Stärkung die Rede:

> Hauptlieder neun lernt ich von dem weisen Sohn
> Bölthorns, des Vaters Bestlas,

Und trank einen Trunk des teuren Mets
Aus Odhrörir geschöpft.

Um dieser Strophe auf die Schliche zu kommen, müssen wir ein wenig tiefer in die Bilderwelt der nordischen Mythologie eintauchen. Wir werden die berühmte Geschichte befragen, in der Odin den «Skaldenmet» raubt. Denn dieser ist es, der «aus Odhrörir geschöpft» wird. Das altnordische Wort *Odroerir* heißt «der zur Ekstase Anregende»[33] und bezeichnet den «Skaldenmet» selbst; «der Edda-Dichter nennt irrtümlich nur den Kessel so».[34] Kessel und Met sind also eins. Aber: Was ist und zu welchem Zweck trinkt man Skaldenmet?

«Snorri erzählt, dass die Asen und Wanen (zwei Göttergeschlechter) nach dem Krieg, den sie gegeneinander führten, den Frieden besiegelten, indem sie neben dem Austausch von Geiseln auch noch alle in ein Gefäß spien. Aus diesem Speichel schufen sie ein Wesen namens Kvasir, das außerordentlich weise war. Zwei Zwerge aber, Fjalarr und Galarr, ermordeten Kvasir und fingen sein Blut in einem Kessel (Odroerir) und zwei anderen Gefäßen (Són und Bodn) auf; dieses Blut vermischten sie mit Honig und brauten so den Met, durch dessen Genuss jeder zum Dichter werden kann.»[35] Odin bringt sich durch Raub in den Besitz des Mets; er trinkt die drei Kessel mit drei Schlucken aus und trägt, in einen Adler verwandelt, den Met zur Götterburg Asgard, wo er ihn zur weiteren Aufbewahrung in seinem Besitz in vorbereitete Gefäße speit.

Dem Urbild des erdentrückten Schwebens im Luftstrom, das Odins Hängen im Baum liefert, werden also im Motiv des Skaldenmets Bilder des Speichels, des Trinkens und Ausspuckens angeschlossen. Einige physiologische Grundlagen des Sprechens sind somit bildlich gegeben. Mit ausgetrocknetem Mund, das weiß jeder, der einmal zu lange zu reden hatte, kann man tatsächlich nicht mehr sprechen. Genauso wenig kann man sprechen, wenn man außer Atem ist. Der «Baum, dem man nicht ansehen kann, aus welcher Wurzel er spross», kann bildlich als Lunge gedeutet werden, deren Form ja den Verästelungen der Zweige und Wurzeln eines Baumes ähnelt. Die Geschichte um den Met-Raub beschreibt Vorgänge des Zu-sich-Nehmens und Von-sich-Gebens, die auch den Atemstrom kennzeichnen, der vielleicht der Wind im Baum ist.

In der Kvasir-Erzählung wird aus Speichel ein Wesen voller Weisheit, aber auch von kurzer Lebensdauer. Zwerge töten es, verflüssigen es wieder zu einem Rauschtrank auf Blut- und Honigbasis. Dieser wird fortan zum Dichten befähigen, zu einer gehobenen Form des Umgangs mit Atem und Speichel also. Das Hängen Odins im Baum führte zum Erfinden der Runen-Schriftzeichen. Seine Stärkung durch den Skaldenmet kann als Belohnung dafür gelesen werden, dass er nun auch die «Hauptlieder» gelernt hat. Auch wenn uns der Inhalt dieser Lieder unbekannt bleibt: dass sie wichtig sein müssen, schließen wir leicht aus ihrer Benennung als «Haupt»-Lieder.

Der Dichterrausch jedenfalls bildet den Abschluss eines Lernvorgangs, der Odin nicht nur die Kompetenz im Runen-Ersinnen und Runen-Lesen, sondern auch Kenntnis und damit sicherlich Vortrags-Kompetenz von neun zentral wichtigen Gesängen bringt. Bleibt zu fragen, welche Muse den herabgestürzten Odin besucht, wenn es heißt:

Hauptlieder neun lernt ich von dem weisen Sohn
Bölthorns, des Vaters Bestlas.

Unter dem Stichwort «Bölthorn» weiß das Lexikon der germanischen Mythologie, dass so «der Vater der Riesin Bestla heißt, welche die Mutter der ersten Götter, Odin, Vili und Vé, ist. Bölthorn kommt nur im Eddalied Havamal vor» – und dort nur einmal, an der eben von uns untersuchten Stelle. «Bölthorns Stellung in der Mythologie ist nicht ganz klar, da er sonst nicht als einer der Urriesen erwähnt wird, jedoch mit dem ersten Menschen Buri zeitlich auf einer Stufe steht. Auch sein Name passt in kein altes mythisches Konzept.»[36]

Wo die Muse als Person unbekannt bleiben muss, bleibt die Möglichkeit, die Wunde selbst, den Akt der Selbstverwundung, als Muse zu akzeptieren. Was wissen wir über sie? Odin hing neun Tage im Baum, bevor er die Runen lernen konnte, und neun Hauptlieder sind es, die ihm vom Großvater beigebracht wurden. «Neben der Zahl Drei, die aber auch in vielen anderen Kulturen eine Rolle spielt, ist die Neun die mythische Zahl der Germanen. Belege für die Bedeutung der Zahl Neun finden sich in Mythos und Kultus: In Odins Selbstopfer hing er neun Nächte am windigen Baum, neun Welten sind es bis Nifelhel, neun Mütter gebaren Heimdall, neun Nächte muss Freyr auf die Hochzeit mit Gerdr warten. [...] Wie die Drei gehört auch die Neun zu den wichtigen Zahlen der Magie; mit der 27 gehört sie dem Mondkalender an, vor allem ist die Neun aber die besondere Verstärkung der Drei.»[37]

Wir betreten hier die spirituelle Sphäre. Odins Selbstverwundung ist Teil eines Einweihungsvorgangs, dessen Resultat Rudolf Steiner so formuliert: «Und der Schüler fühlte allmählich, wie wenn er mit seinem eigenen Leibe als einer Hülle das Weltgeheimnis [den Logos], das aus seiner Brust tönt und im Sprechen lebt, umschließen würde»,[38] «jenes Weltgeheimnis, das in den ersten drei Versen des Johannesevangeliums liegt».[39] Durch das Wort sind – laut Johannes-Evangelium – alle Dinge geworden. – Wie sieht das konkret bei Odin aus?

Zweimal war vom «Lernen» die Rede. Einmal in Bezug auf den Lernstoff, die «neun Hauptlieder», vorher aber bereits in Bezug auf den Lern*vorgang*: «Da neigt' ich mich nieder / Auf Runen sinnend, lernte sie seufzend.» Pointierter kann man die Qual des Lernens nicht beschreiben: Entbehrungen, Seufzen, Niederbeugen, schließlich Absturz. Odins Lernschritte erscheinen grausam, doch der gewonnene Entwicklungsfortschritt ist dramatisch:

> Zu gedeihen begann ich und begann zu denken,
> Wuchs und fühlte mich wohl.
> Wort aus dem Wort verlieh mir das Wort,
> Werk aus dem Werk verlieh mir das Werk.

Was für ein schöpferisch-berauschter Tanz! Wie trunken-beflügelt von einer neuen Macht feiern die letzten beiden Zeilen je dreimal wiederholend das «Wort» und das «Werk». Betrachten wir Ersteres: Welches «Wort aus dem Wort verleiht das Wort»?

Dass «ein Wort das andere gibt», sagen wir umgangssprachlich, wenn wir die Entfesselung eines Streits – keinesfalls nur um Worte! – beschreiben. Das *provokative,* also hervorrufende oder herausfordernde Potenzial von Wörtern ist hier gemeint. Was einmal in Worten heraus ist, fordert Ant*wort.* «Das Wort» verleiht Odin Wortkraft aus dem Wort selbst. Sich dem Strom der Worte zu verbinden heißt, dem Schweigen und der Unsagbarkeit zu entgehen. Sprechen, Sich-Aussagen in der Sprache heißt, in die durch Worte erschaffene Welt einzutreten. Wo gesprochen wird, kommen Dinge zur Sprache, Vorfälle *zwischen* Menschen, Ereignisse *in* Menschen und damit der Menschen beredte Wünsche! Wer sich aussagt, ermächtigt sich selbst durch das Ausgesagte und macht anderen die Ant*wort* möglich. Das ist es, was das Wort *heilend* macht. Worte eröffnen das Feld des Sich-Aussprechens. Indem sie dies tun, sind sie potenziell heilsam.

Bleibt zu fragen: Welches «Werk aus dem Werk verleiht das Werk»? Mit «Werken» verhält es sich, einmal begonnen, ähnlich wie mit dem Sich-Aussprechen. Weitere Arbeitsschritte *wollen* auf einen ersten folgen, Taten fordern neue Taten heraus. Der erste Schlag in einen Stein, der zur Skulptur werden soll, zeigt sofort: Jetzt ist der unbearbeitete, der natürliche Zustand weg! Es geht nicht mehr zurück ins Unbehauene – und mit jedem weiteren Schritt wird der Weg, den die Taten zeigen, sichtbarer. Untätigkeit verharrt, entwicklungsfeindlich, in sich selbst wie das

Schweigen. Das Sich-Aussprechen wie das tätige Gehen von Wegen hingegen werden als Übungen und Fortsetzungen *produktiv*.

Abschließend, auf Odin bezogen, sei gefragt: Zu welchem Ziel wurde sein Selbstopfer produktiv? «Zu gedeihen begann ich und begann zu denken / Wuchs und fühlte mich wohl.» Odins selbstverwundetes Hängen, seufzendes Lernen und sein Mettrunkener Start ins Dichterhandwerk führten ihn auf den Schritten «Gedeihen», «Wachsen» und «Wohlfühlen» zum – *Denken!*

Odins Selbstopfer gibt uns einen pädagogisch-spirituellen Hintergrund für die Wirksamkeit der Zeugnisgespräche. Im Sich-Aussprechen liegt der Keim eines heilsamen Prozesses begründet, der zwischen vormals einander rätselhaften Einzelnen gemeinsame, besprochen-verständliche Mitwelt entstehen lässt. Das Risiko, mit Wunden in den Prozess zu gehen, wird zum Erkenntnisgewinn, zum Gewinn im *Denken,* wenn diese Wunden als Selbstverwundungen erkannt werden. «Gedeihen», «Wachsen» und «Wohlfühlen» werden für die Beziehungen der gesprächsbeteiligten Schüler, Eltern und Lehrer ermöglicht.

Sprechen macht welthaltig, indem es Zwischenwelten schafft, die gemeinsam bewohnt werden können. Erst wenn ich mein Inneres, sei es heil oder verwundet, auszusprechen versuche, wird es anderen einfühlbar. Durch diesen Akt, durch schlichtes Mich-Aussprechen, bringe ich mich ein zweites Mal in meinen Mitmenschen – zumindest in denen, die mir zuhören – hervor. Darin liegt die spirituelle Bedeutung des Sprechens: Mein nicht verkörpertes Ich bringt *mich* geistig, seelisch und physisch hervor – aber erst mein Sprechen gibt die Möglichkeit, dass *andere* an dieser Selbsthervorbringung mitarbeiten. Wie gedeihlich dieser Prozess ist, das entscheide ich selbst durch die Formen der Gespräche, die ich mit anderen zu führen imstande bin.

Feedback

Zu den Dialogzeugnissen gehört wesentlich eine Kultur des Feedback. Schon durch die Fragebögen zur Vorbereitung auf die Gespräche war *jedes* Kind und *jedes* Elternteil mit eigenen Einschätzungen im Prozess anwesend. Auch zur Rückmeldung über die Wirkung der Gespräche wählten wir das Mittel des schriftlichen Feedback, da nur so garantiert *jeder* in der ihm selbst angemessen erscheinenden Weise zu Wort kommen kann. Gespräche und Feedback befruchten sich gegenseitig zu *einem* großen Kommunikationsprozess. Einschätzung wurde als *Gestaltungsspielraum* erkannt. Das vergiftende Ritual der Zeugnisgebung kam als neu plastizierbar ins Bewusstsein. Keine Zeugnisse mehr zu geben – überhaupt keine, von der ersten bis zur dreizehnten Klasse – tauchte als Ideal und Ziel für eine menschengemäße, zeitgemäße Pädagogik auf, auch wenn im Feedback natürlich verständliche Trauer um liebgewonnene Gewohnheiten und vergangenheitsverhafteter Starrsinn sich reaktionär artikulierten.

Es kann nicht überraschen, dass Menschen nach deutlich über 2000 Jahren Eingewöhnung in das soziale Beherrscht-Werden «von oben» einen langsamen Weg zur Mündigkeit beschreiten müssen. Die attische Demokratie endete 262 v. Chr., unsere neuere demokratische Geschichte währt noch nicht einmal hundert Jahre. Dass Menschen besonders im Sozialen auch heute noch obrigkeitsstaatlich und autoritätsbezogen denken, ist also nicht verwunderlich. Ein Hindernis für die Zukunft, die in selbstbestimmtem und selbstverantwortlichem sozialen Handeln liegt, stellt diese Haltung trotzdem dar. Gerade seitens der Eltern gab es aber auch viel produktive Reibung – ich habe selten so gut durchdachte Äußerungen zu einem sozialen Vorgang gehört und gelesen wie im Feedback derjenigen Eltern, die sich auf den Prozess der Dialogzeugnisse wirklich eingelassen und ein Interesse entwickelt haben, ihn mitzugestalten.

Die *soziale Skulptur*, die sich im Prozess der Dialogzeugnisse zu entfalten beginnt, lässt sich in ihren Dimensionen erst erahnen. Die ersten Versuche und ihre Aufnahme bei Schülern, Eltern und Kollegen haben aber bereits gezeigt, dass alle Beteiligten die Gespräche als echten sozialen Impuls erleben.

Das Gespräch habe ziemlich viel gebracht, so der Tenor bei den Kindern, nicht zuletzt da sie sich auf eine neue Weise beachtet fühlten. Anders als in herkömmlichen Zeugnissen finde man sich im Gesprächsprotokoll zum ersten Mal selbst wieder und wüsste nun, wo man sich verbessern könne. Am Erstaunlichsten war, dass echte Verhaltensänderungen wie früheres Zu-Bett-Gehen oder andere Tagesrhythmus-Probleme durch das Gespräch in Gang kamen.

Aus den Reaktionen der Eltern war ersichtlich, dass es nicht jedem leichtfiel, von den eingeübten Bewertungsritualen loszulassen und von einer expertenhörigen und von den Aussagen des eigenen Kindes abhängigen Haltung zum Bewusstsein einer den eigenen Kindern wie deren Lehrern gegenüber eigenständigen Haltung zu kommen. Die überwiegende Mehrheit der Eltern zeigte sich jedoch zufrieden bis begeistert über die neue Offenheit zwischen allen Beteiligten, über die erlebbare intensive Zuwendung, die ihren Kindern entgegengebracht wurde, und den friedlichen, im positiven Sinne problembewussten Stil der Gespräche.

Auch skeptische bis abgeneigte Kollegen begannen, den pädagogisch-menschlichen Wert einer neuen Einschätzungskultur einzusehen, mitzuempfinden und mitzugestalten. So kam die Verankerung des Dialogzeugnis-Prozesses als neues Element im Profil unserer Schule zustande.

Der Pädagogische Hermes

Vor deutlich mehr als zweitausend Jahren, um 380 v. Chr., schrieb der große griechische Philosoph Platon sein berühmtes philosophisches Streitgespräch *Das Gastmahl (Symposion)*. Seitdem fühlte sich die abendländische Pädagogik sicher darin, welcher Gott sie grundlegend inspirierte und welches geistige Wesen ihr die entscheidende Motivation verlieh, nämlich *Eros*.

Platon lässt bezeichnenderweise seinen eigenen Lehrer, Sokrates, jene Meinung vertreten, die bis heute die Grundannahme unserer Bildungsmotivation darstellt: «Wer aber wahre Tugend gebiert und ernährt, dem ist vergönnt, ein Götterfreund zu werden, und wenn irgend ein Mensch, darf er unsterblich sein. [...] Gewonnen bin ich, und als Gewonnener versuche ich auch die anderen zu gewinnen dafür, dass man für dieses Gut» – eben die «wahre Tugend» – «wohl nicht leicht der menschlichen Natur einen besseren Helfer fände als Eros.»[40]

Der «pädagogische Eros» wurde mit diesen Sätzen geboren. Heute hat er seine geistige Strahlkraft endgültig verloren und als Motivator für die Pädagogik ausgedient. In den *Potsdamer Neuesten Nachrichten* vom 18. März 2010 veröffentlichte Peter Dudek, Professor für Erziehungswissenschaften an der Universität Frankfurt am Main, einen Artikel mit dem Titel *Abschied vom pädagogischen Eros*, der die Fälle von sexuellem Missbrauch an reformpädagogischen Internaten im vergangenen Jahrhundert aufzuarbeiten beginnt. Dudek zitiert darin Gustav Wyneken, 1906 Mitgründer der Freien Schulgemeinschaft Wickersdorf: «Eine durch den platonischen Eros mit ihrem Führer verbundene Knaben- und Jünglingsschar kann der innerste, lebendige Kern des heiligen Ordens der Jugend werden, der die Freie Schulgemeinschaft sein wird. Aus solchem Eros erwuchs Mut und Lust zu ihrer Gründung, aus solchem Eros die schöpferische Kraft ihres Aufschwungs.»

Anlass dieser heutigen Ohren unerträglich pathetischen Ausführungen war die Verurteilung Wynekens wegen sexuellen Missbrauchs. Dudek resümiert: «In pädagogischen Konzepten, wie Wyneken sie propagierte, liegt die Grenze zwischen der platonischen Liebe zwischen Erzieher und Zöglingen, die von den Pädagogen als Beziehung unter Kameraden definiert wurde, und sexuellen Übergriffen gefährlich nahe.» Dass gerade die Emanzipation der Erotik von moralischen Normkonzepten im 20. Jahrhundert den Eros untauglich gemacht hat, als pädagogische Richtkraft aufzutreten, kann nicht wirklich überraschen. Durch die Aufarbeitung der Missbrauchsfälle an reformpädagogischen Internaten wird die Fatalität einer fehlleitenden Motivation deutlich. Wer heute erotisch inspiriert ist, sollte mit dieser Motivation keine pädagogische Verantwortung übernehmen, weder als Lehrer noch als Elternteil. In der Erziehung wird Eros nicht mehr gebraucht, mehr noch, er verhindert alles, was heute von Erziehenden als Fähigkeit des Verständnisses, des bewusst gestalteten Miteinanders und der klar begründeten Anleitung von Kindern und Jugendlichen verlangt werden muss. Der pädagogische Eros ist tot.

Nicht zuletzt deshalb sind wir auf der Suche nach *neuen Motivationen* für die Erziehung. Zumindest, so meine ich, braucht eine Pädagogik, die nicht mit reiner Wissensvermittlung zufriedenzustellen ist, sondern tatsächlich *erziehen* will, eventuell sogar *künstlerisch* wie die Waldorfpädagogik, dringend neue Hausgötter. Diese möchte ich ihr nun anraten. Dabei geht es nicht um einen symbolischen Akt, obwohl ein solcher in meinen Augen ebenfalls zu einer berechtigten, weil den Blick erweiternden Position führen würde. Mein Versuch besteht darin, neue Energien und Bedürfnisse, die gegenwärtig im pädagogischen Bereich auftreten, an geistige Wesen anzubinden. Oder umgekehrt geistigen Wesen die Aufmerksamkeit auf unsere Bestrebungen anzutragen, um mit ihnen zusammen arbeiten zu können.

Außerdem, in einer dritten Wendung pragmatisch gefasst, geht es mir darum, ein neues Bezugssystem der pädagogischen Grundwerte anzuregen, um Erziehung wieder aus umfassenderen Zielsetzungen alias starken Motivationen speisen zu können. Wir erziehen heute kindernah und menschenfreundlich wie nie zuvor, aber wissen wir eigentlich noch, *wodurch* wir erziehen? Vorbild? Herausforderung? Begleitung? Das Schwanken der Leitbilder zeigt, auch jenseits spiritueller Ansprüche, dass die Pädagogik im privaten wie im schulischen Bereich im Umbruch ist. Die Familiäre Revolution, wie ich sie beschrieben habe, macht aus meiner Sicht die Suche nach neuen Motivatoren, Anspornern, Inspiratoren oder Trainern zu einer unausweichlichen Notwendigkeit.

Der erste Gott, den ich der Pädagogik als neuen Mitarbeiter anempfehlen möchte, ist Hermes. Er gilt als ein eher zwielichtiger Kandidat, tritt anfangs als unvordenklich alter Wegmarkengott auf, ist Herr der Händler und Diebe, Führer der Seelen ins Totenreich, gedankenschneller Botschafter zwischen Göttern und Menschen. Alles Eigenschaften fernab der Pädagogik, so scheint es.

Aber haben wir nicht gerade begonnen, das *Gespräch* als Gestaltungsraum ernst zu nehmen? Damit wird «das Hermetische» in doppelter Weise relevant. Einmal als Versuch der *Deutung*, eventuell gar *Lösung* des Rätsels, das einem jeder Mensch stellt. Diesen Weg ergiebig betrachten zu können setzt aber voraus, dass wir wissen, wer Hermes *für uns* ist. Ich sage *für uns*, denn es ist nicht so, dass ich im mythologischen Wörterbuch nachgeschlagen habe, um zu schauen, wer die fehlende Lücke schließen könnte, nachdem Eros ausgedient hat. Die Beziehung zwischen Hermes und mir ist lange gewachsen, bevor ich es gewagt habe, diesen Vorschlag zu machen. Deshalb darf ich behaupten, dass wir ihn alle bereits in seiner Wirksamkeit kennen. Wir gehen ständig ganz unmittelbar mit Hermes um, nämlich sobald wir sprechen. In jedem Gespräch benutzen wir die Technik des Hermes, als Person durch Worte in Fluss zu kommen und unsere Gedanken durch wortgestaltige Kommunikation auf andere zu übertragen. Und wie wichtig das ist, wissen Sie nicht erst, seit Sie ein Buch über Zeugnisgespräche zu lesen begonnen haben. Deshalb vertraue ich darauf, dass meine Leser bereits Vorerfahrungen, ja ein «Vorkönnen» im Umgang mit Hermes besitzen.

Hermes ist es, der die *Selbstwerdung* durch *Wortschöpfung* in Gang setzt. Das habe ich am Beispiel von Odin dargestellt. Mit Odin ist Hermes über viele Eigenschaften so eng verwandt, dass er als ein und dasselbe geistige Wesen angesprochen werden darf.

Versuchen wir also, uns die Charakteristik des Hermes klarzumachen. Schlagen wir dazu ein mythologisches Wörterbuch auf, so finden wir zum Beispiel Folgendes: «Hermes, griechischer Götterbote, Sohn des Zeus und der Nymphe Maia; ein sehr alter Gott, dessen Verehrung weit verbreitet war. Er galt als Patron der Wanderer und Reisenden *(Hermes Hodios)* mit dem breitkrempigen beziehungsweise geflügelten Hut *Petasos,* der Kaufleute, Hirten und Schelme und begann sein Leben gleich mit einigen Schelmenstreichen. So berichtet die Sage, dass er noch am Tage seiner Geburt in einer Höhle des arkadischen Berges *Kyllene* die Leier erfand, die er aus einer Schildkröte herstellte, und seinem Bruder Apollon eine Rinderherde stahl, die er rückwärts trieb, wobei er seine eigenen Spuren mit verkehrtherum angezogenen Sandalen verwischte.»

«Neben [...] seiner Funktion als Reisebegleiter führte Hermes als *Psychopompos* (= Seelengeleiter) die Seelen der Toten ins Jenseits. [...] Da er schon als Säugling seinen Bruder erfolgreich bestohlen hatte, galt er auch als Gott des «glücklichen Fundes», *Hermaion* genannt, das heißt er war für Diebstahl und Raub zuständig. Wegen seiner ungeheuren Schlauheit schrieb man ihm allerlei Erfindungen zu, sah in ihm aber auch einen Helfer auf geistigem Gebiet und verehrte ihn zum Beispiel als Patron der Redner. Ebenso stellte sich die Jugend bei den Wettkämpfen unter seinen Schutz, eingedenk seiner eigenen Jugendlichkeit und seiner Schnelligkeit.»[41]

Wir stellen fest, dass die Attribute und Legenden des Hermes verwirrend vielfältig, ja *widersprüchlich* sind. Und haben somit zwei erste Eigenschaften des Hermes entdeckt. Er ist widersprüchlich, und er entzieht sich durch diese Widersprüchlichkeit der klaren Bestimmung, dem eindeutigen Zugriff. Er möchte nicht gerne erkannt und festgehalten werden, denn wie das ihm als Attribut zugehörige Metall, das Quecksilber, täuscht er gerne durch Spiegelung und entzieht sich, zerfließend, dem ihn in die Festlegung bannen wollenden Zugriff.

Übertragen wir dieses Bild auf unser Sprechen, so können wir daraus ableiten: Auch gesprochene Wörter können nicht festgehalten werden. Sie umspielen ihren Gegenstand, schillern auf- und abtauchend wie ein Schwarm Fische im Meer, treffen und verfehlen, bedeuten oder stellen vor Rätsel. Dabei geht es im *echten* Gespräch nicht um das Reden selbst, sondern darum, was durch das Sprechen in Fluss kommen, sich eventuell gar *finden* kann. Jedes Gespräch, jede wörtliche Äußerung hat mit Täuschungen und «Schelmereien» zu tun. Sie kennen das Sich-Entziehen der Gedanken ebenso wie den «glücklichen Fund» – in Form des «geistigen Diebstahls» oder dergestalt beglückend, wie ihn Heinrich von Kleist beschrieben hat.

Wer aber – trotz all seiner Neigung, sich zu entziehen, sei es gefragt – wer ist Hermes? Der große griechische Philosoph Platon kam dem schlauen Hermes auf die Schliche, indem er ihn *hermetisch*, nämlich durch die Deutung seines Namens, beschrieb. In seinem Dialog *Kratylos* lässt Platon seinen Weisheitslehrer Sokrates einen Jüngling namens Hermogenes über die Namen der Götter belehren. Die Pointe besteht darin, dass dieser Jüngling zwar *Hermogenes*, also «Sohn des Hermes» heißt, im Reden aber durch bemerkenswerte Ungeschicklichkeit auffällt.

«*Hermogenes*: [...] gestatte mir noch eine Frage über *Hermes*, da Kratylos behauptet, ich sei kein *Hermogenes*, kein Hermessohn» – eben weil kein gewandter Redner. «Lass uns also zu erwägen suchen, welchen Sinn der Name *Hermes* hat, damit wir auch sehen, ob er wirklich Recht hat!

Sokrates: Wahrlich, *Hermes* muss ja irgendwie auf die Rede gehen, Dolmetscher sein, *hermeneus*, und Bote, diebisch, täuschend in Reden und Meister im Marktverkehr: Diese ganze Beschäftigung hat doch in der Kraft der Rede ihren Mittelpunkt. Was ich auch früher schon sagte, *eirein* (etwas sagen) ist der Gebrauch der Rede; jenes Wort aber, das auch Homer oft gebraucht, *emesato* sagt er, bedeutet *ausdenken*. Nach diesen beiden Worten befiehlt uns daher der Gesetzgeber den Gott, der das Reden und die Rede ausmacht, zu nennen [das Reden heißt ja *eirein*], und sagt gleichsam: Ihr Menschen, der Gott, der das Reden erdacht hat *[eirein emesato]* verdiente bei euch den Namen *Eiremes*. Jetzt aber nennen wir ihn, wie wir glauben, mit einer Verschönerung des Namens *Hermes*. [Auch die *Iris* hat ja wohl von dem Reden *(eirein)* ihren Namen, weil sie Botin war.]»[42]

Derart gedeutet erscheint Hermes als *Personifikation* des Sprechens. Bedenken wir, dass wir jeden Ort, jedes Ding und jede Person auf der Welt durch einen *Namen* kenntlich machen und dass wir nur durch diese *Bezeichnung* zu ihnen zurückkehren, sie anderen beschreiben und *ansprechen* können, so wird klar, warum Hermes der Vater der Wort gewordenen Welt ist. Und warum er in uralter Zuschreibung der Gott der Wegmarken war, Ermöglicher der örtlichen Orientierung in dem uns vor immer neue Rätsel stellenden Gebiet, das wir seit dem Mittelalter «Welt» zu nennen uns angewöhnt haben.

Empfiehlt ihn das alleine aber bereits als einen neuen Hausgott der Pädagogik? Hier müssen wir nun auf den zweiten Aspekt des «Hermetischen» eingehen, der nicht mehr im gedankenumspielenden, weltgebärenden Sprechen an sich besteht, sondern den «Rätselcharakter» alles Sprachlichen erfasst.

«‹Hermeneutik› nennt man die wissenschaftlich anerkannte, freilich auf unterschiedlichste Weise beschriebene Methode, sich in das Zentrum dessen einzudenken und einzufühlen, was als Geistesprodukt vorliegt. Auch diese Wissenschaft ist anders als die Naturwissenschaft. Sie unterscheidet sich nämlich nicht nur in der Methode, sondern geht grundsätzlich über den Methodenbegriff hinaus, der stets ein Allgemeines auf ein Besonderes anwendet. Ja, sie bildet ihre ‹Methode› am Besonderen und besteht gewissermaßen in einer wachsenden Fähigkeit des Hermeneutikers. Hermeneutik ist eine ‹Kunst›, nämlich die Kunst des Verstehens, die notwendig immer schon etwas in Anspruch nimmt, was erst das Ziel der Bemühungen sein kann: Sie hat immer schon verstanden, was sie erst verstehen will. Das heißt, sie hat ein Vorverständnis. Im hermeneutischen Prozess wird dieses methodisch bewusst angesetzt, überprüft und revidiert. Auf diese Weise entzündet das Vorverständnis einen schöpferischen Prozess, in dem sich schließlich völlig neue und unbekannte Sinnbezüge auftun können.»[43]

Ruth Ewertowski ergründet hier in der Hermeneutik eine «Kunst des Verstehens». Damit wird eine neue Verbindung des Hermes zur Pädagogik herstellbar. Nicht nur das Verstehen-Lernen im Gespräch, sondern ganz allgemein das Entschlüsseln der Welt in all ihren Äußerungen, nicht nur den wortgestaltigen, ist *hermetisch* und kann durch die Technik des *Vorverständnisses* kreativ werden.

Wenn ich nicht daran glaube, etwas lernen zu können, werde ich verständnislos bleiben. Aus diesem Grund lautet der Untertitel unseres Kapitels: «Vom gefesselten und wiederbelebten Hermes.» Hermes bleibt gefesselt, solange wir ihn nicht dadurch erlösend ins Spiel bringen, dass wir uns den Rätselcharakter aller Orte, Dinge und Personen eingestehen und *deutend* mit der Welt umgehen. Wer meint, ein Apfel sei eben ein Apfel, hat jegliche Chance, etwas über den Apfel zu lernen, vertan. Erst wenn ich mich wundere: «Moment mal – *Apfel?* Was soll das *heißen?* Was soll das *sein?*», kann ich, den Apfel betrachtend, den Apfel befragend, das Apfeldeuten betreibend, vom Apfel zu lernen beginnen.

Das Vorverständnis, von dem Ruth Ewertowski spricht, ist dabei die entscheidende methodische Handreichung. Mit Vorverständnis gehe ich sowohl in einen Unterricht wie in ein Gespräch. Es besteht neben meiner *Lern-Haltung,* also meinem eigenen Wunsch und Willen, etwas herauszufinden, ganz schlicht in meiner *Vorbereitung*. Diese ist weder das Gespräch noch der Unterricht, sie gibt mir aber den Mut, mich in beide hineinzugeben. Gespräch wie Unterricht nehmen mich, den durch Vorverständnis Gestärkten, auf und bringen das, was nun werden soll, erst als lebendige Situation hervor. Gespräch wie Unterricht erweisen sich in dieser Perspektive als hermeneutisch betriebene Weltdeutungssituationen und geben zu tausenden Wörtern erkenntnisträchtigen Anlass.

Der Redende als Künstler: Was bringt seine Rede zur Welt?

Hermes von Hendrick Goltzius (1558–1616) als Patron der Maler und Gott der Beredsamkeit.

Abschließend möchte ich einen weiteren hermetisch verborgenen Aspekt enthüllen. Alles Sprachliche meint oder schafft *Öffentlichkeit*. Das ist in Bezug auf Einschätzungs*kultur* von ausschlaggebender Bedeutung. Zu einer Selbsteinschätzung kann ich auch zu Hause im stillen Kämmerlein kommen. Diese entspringt dann aber nicht der Kommunikation mit anderen Menschen, sondern ist ein Selbstbild.

Kommunikation hingegen verflüssigt alles bildhaft Erstarrte, bringt es in den Strom zwischen mir und meinen Kommunikationspartnern. Ein Gespräch macht mein Selbstbild öffentlich und verleiht ihm eine soziale Dimension. Spreche ich mich aus, darf ich eine *Antwort* erhoffen. Stelle ich mich dar, werde ich für den Zuhörer *einfühlbar* – gerade auch in den Schwächen meiner Darstellung, die mir als Entwicklungsaufgaben *meiner* Person im Gespräch zutage treten.

Auch ich bin mir rätselhaft. Nur einsam mein Selbstbild bedenkend, komme ich nicht weiter. Solange wir das nicht zugeben, solange wir den Rätselcharakter jeder – auch unserer eigenen – Menschenindividualität verdrängen und uns als «Kenner» aufspielen, werden wir in unseren Selbstbildern unerlöst, ja gefesselt bleiben. Erst wenn wir als bescheidene «Deuter» uns selbst mit in den Prozess der Entzifferung einbringen, dürfen wir hoffen, lösend zu wirken und von der Qual des Rätsels, das wir uns selbst sind, erlöst zu werden.

Das ist die Chance, die uns der Pädagogische Hermes gibt. Durch ihn können wir lernen, unsere Persönlichkeit vertrauensvoll im sozialen Raum auszusprechen. Er kann uns dafür begeistern, anderen mit tieferem Sinn zuzuhören. Er kann uns Kommunikation zum Jungbrunnen der Mitmenschlichkeit machen. Wenn wir uns ihm öffnen, dürfen wir allerdings das Wechselbad der Kommunikation nicht scheuen. Kein Kontakt mit Hermes bleibt ohne Seichtwasser, Strudel, Spiegelbild-Blendungen und Gegenströmungen. Wenn wir in den erlösungsmächtigen Fluss des Gesprächs steigen, werden wir, um den berühmten Satz des

Heraklit zu parodieren, niemals als die Gleichen wieder herauskommen. Denn seine Strömung reißt uns unfehlbar mit sich fort. Wenn wir wieder an Land kommen, werden wir eine neue Szenerie vorfinden, in der wir uns neu beheimaten müssen. Damit das Gespräch nicht zum uferlosen Gerede verkommt, werden wir lernen müssen, es bewusst zu gestalten. Wir können Gesprächsformen als Deutungsmethoden betrachten.

Wir dürfen Gespräche als Unterricht in Verständniskunde betreiben. Wo wir bewertet haben, werden wir die Kunst der Vereinbarung üben. Wo wir gefordert haben, werden wir vielleicht erst einmal die Bescheidenheit der Verhandlung ertragen lernen müssen. Gerade diese Bescheidenheit aber ist eine weitere Quelle der Menschlichkeit. Wo wir monologisiert haben, werden wir Antworten finden. So spricht der Pädagogische Hermes. Dergestalt empfiehlt er sich als neuer Motivator, Begeisterer und Begleiter einer zukünftigen Erziehungskunst.

Abschließende Kernsätze zur Einschätzungskultur

In diesen Kernsätzen will ich nicht das vorangegangene Kapitel zusammenfassen, sondern fünf Aussagen zur Verfügung stellen, deren Gehalt jeden Leser dazu anregen möchte, ihn in der eigenen Wahrnehmung zu erarbeiten. Es sind damit sozial-hermetische Meditations-Sätze.

1. Bewertung findet ständig, bewusst-unbewusst und privat statt.
2. Beurteilungen sind öffentliche Akte.
3. Einschätzung entsteht im gestalteten Gespräch.
4. Mich-Aussprechen macht mich dir und auch mir selbst einfühlbar.
5. Gehört-Werden ermutigt Individualität.

**Schönheit blickt in den Spiegel, den
ihr die Liebe vorhält. – Verlangt sie mehr,
als nur sich selbst zu erblicken?**

Venus mit Cupido von
Diego Velázquez (1599–1660).

II. ANERKENNUNGSPROBEN – APHRODITE: WARUM WIR WERDEN, WENN WIR SPIELEN

Die Probe

Eine ganze Schar Vierzehnjähriger richtet ihre Blicke auf mich, wenn ich, meine typischerweise etwas zu volle Teetasse balancierend, die Treppe zum Probenraum heruntersteige. «Grüß euch!», rufe ich. Die zuvor schlaff hingelagerte Truppe wird lebendig und drängt sich heran. Ohne weitere Kommunikation betrete ich den Probenraum und stelle die Grundordnung für die Probe her: Zuschauerbänke markieren den Bereich, in dem sich sofort heftige soziale Interaktionen zwischen den Jugendlichen, die noch nicht dran sind, entwickeln. Ein Klavier und vier Stühle werden vor den Zuschauerbänken auf der damit ansatzweise als Bühne erkennbaren Fläche aufgestellt. In diesem provisorischen Raum wird gleich auf sehr zarte, erstaunlich konkrete Weise «gespielt». Ich probiere *Comedian Harmonists* (nach dem Film von Joseph Vilsmaier, für die Bühne eingerichtet von Klaus Richter) mit einer achten Klasse.

Im Wort wie im Vorgang «Probe» schwingt eine Nebenbedeutung von *Prüfung* mit, wie bei der *Mutprobe*. Denn um eine solche handelt es sich bei jeder Theaterprobe. R., M. und B. haben ihre Rollen gelernt und stehen nun auf der Probenbühne, mit nichts als einem Text und ihrer eigenen Person. Diese ist ihnen ungünstigstenfalls ziemlich bewusst: Sie sind *verlegen*. Wie können sie den auswendig gelernten Text mit ihrer eigenen Person vereinigen?

Der zumindest mit Achtklässlern untauglichste Weg verliefe über die sogenannte «Rollenarbeit». Diese bedeutet theaterhandwerklich, das Eigensein einer Figur durch Erkenntnisvorgänge an der im Text abgebildeten Person herauszuschälen und psychologisch die Besonderheiten gerade *dieser* späteren Bühnenperson zu charakterisieren.

Für Schüler geht der Weg über die Tat. Wie bewegt sich diese Figur? Plump? Gut, das probieren wir gleich aus. M. bewegt sich «plump». Wir lassen ihm ein wenig Zeit, sich einzufinden, seine eigene, ganz unreflektierte Vorstellung von plumpen Bewegungen in den Körper zu bekommen. Ich schaue mit R. und B. zu. «Wodurch versucht M., plump zu wirken?», frage ich R. und B. «Er streckt den Hintern beim Gehen heraus.» «Er wiegt den Oberkörper, als sei er dick, aber dabei ist er gar nicht dick.» «Woran siehst du, dass er nicht dick ist?» «Na, er bewegt sich viel zu schnell.» «Genau, mach doch mal langsamer, du spielst viel zu hektisch für einen Menschen, der plump wirken soll.»

Durch Tat und Beschreibung nähern wir uns einer möglichen *körperlichen Realisation* der «Plumpheit» der Figur, die M. zu spielen versucht. Das aber ist nur ein erster Schritt, gegangen, um die Befangenheit zu überwinden, die gerade Achtklässler mit ihrem stark erwachenden und ebenso stark verunsicherbaren Selbstbewusstsein auszeichnet. Der entscheidende Sprung ins Spiel kommt nach dieser oder ähnlichen Vorübungen.

Der Weg zur Figur führt für Laien über die *soziale Situation*. Wir machen uns klar, dass die Personen, die R., B. und M. spielen wollen, gerade ihr erstes erfolgreiches Konzert hinter sich haben und nun in einem Privatraum darauf warten, dass das Telefon klingelt und sie neue Engagements erhalten. Also lümmeln sie erst einmal gelangweilt herum, lesen sich gegenseitig Zeitungsartikel mit Konzertkritiken vor et cetera – Vorgänge, die so nicht im Text stehen, die wir erfinden, um uns durch die soziale Situation ins Spiel zu bringen. Als nach einiger Zeit das Telefon tatsächlich klingelt – hier beginnt der geschriebene Szenentext –, zählt B: «Eins, zwei, drei!», dann greift er zum Telefonhörer und die anderen hacken – was offensichtlich verabredet wurde – laut auf eine Schreibmaschine ein, imitieren Telefongespräche und lassen Wecker als neue Anrufe klingeln. Wozu? Damit der Anrufer den Eindruck bekommt, nicht in einer Privatwohnung, sondern in dem geschäftigen Büro eines wichtigen Musikagenten gelandet zu sein.

So entsteht eine soziale Situation mit einem klaren Wendepunkt, die auf direktem Wege zu einer Fülle von Spielvorgängen inspiriert. Und *diese* können nun individualisiert werden. Was tust du vor dem Anruf, was danach? Diese für den Einstieg ins Spiel entscheidende Frage kann ganz konkret aus der Phantasie der Spieler beantwortet und dann sofort erprobend realisiert werden, wenn die *soziale Situation* klar ist.

Der Dramatiker Bertolt Brecht schreibt in seinem *Kleinen Organon für das Theater*: «Den Bereich der Haltungen, welche die Figuren zueinander einnehmen, nennen wir den gestischen Bereich. Körperhaltung, Tonfall und Gesichtsausdruck sind von einem gesellschaftlichen ‹Gestus› bestimmt: Die Figuren beschimpfen, komplimentieren, belehren einander und so weiter. Zu den Haltungen, eingenommen von Menschen zu Menschen, gehören selbst die anscheinend ganz privaten, wie die Äußerungen des körperlichen Schmerzes in der Krankheit oder die religiösen.»[44]

Der «Gestus», das was an körperlichen Handlungen zwischen Personen auf dem Theater vorgeht, wird «gesellschaftlich» bestimmt, sagt Brecht. Wer sozial konkret schaut, dem geht die Phantasie auf: Um welche Situation handelt es sich genau? Wann spielt sie, wo, zwischen wem? Was ist ungewöhnlich an der Situation? Befinden wir uns an einem Frühstückstisch, obwohl es elf Uhr nachts ist? Liegt der Vater dem Sohn quengelnd in den Ohren oder umgekehrt? Wie sieht die Machtverteilung aus? Wer ist im «Hochstatus», also mächtig, wer im «Tiefstatus», also schwach bis ohnmächtig?[45]

Diese Fragen sollen nicht psychologisch erklärt, sondern schauspielerisch umgesetzt, also *gespielt* werden. Dann führen sie zu «gesellschaftlich» konkreten Handlungsabläufen, den von Brecht so genannten «Vorgängen» auf der Bühne. Mittels der genauen, allgemein einsichtigen Bestimmung der sozialen Situation kann Spielen besonders für Laien komplex, wiederholbar und tief befriedigend werden. Denn eine soziale Situation ist nie ausdefiniert, sie kann immer noch verblüffender und witziger, immer noch krasser und feinsinniger gespielt werden. Wie verhält sich der Diener, der dem König den Brief bringen muss, in dem steht, dass dieser hingerichtet werden soll? Das hängt davon ab, ob er weiß, was in dem Brief steht. Also ist diese Information eine Inspirationsquelle, die das Spiel verfeinern kann. Ein spannender, Brecht nennt es «widersprüchlicher» Gestus entsteht, wenn die gespielte Situation nicht unserem Klischee und unseren Erwartungen von ihr entspricht. Wir erkennen die Demut des Dieners, aber irgendetwas an seinem Verhalten ist anders, als es sein sollte ... Was ist hier los? Wir sind hellwach! Komischer Gegensatz oder tragische Spannung nehmen dergestalt ihren Ausgang vom überraschenden «Gestus».

Außerdem hinterlässt die einmal gespielte soziale Situation eine konkrete Erinnerung bei den Spielern. Das ist wichtig, weil Laien im Gegensatz zu Profis leicht vergessen, was sie auf der Bühne getan haben. Ein guter Teil des Trainings zum professionellen Spieler besteht darin, den agierenden Menschen sich so weit bewusst und kontrollierbar zu machen, dass der Schauspieler alles einmal Gespielte zu jeder Zeit wieder hinbekommen kann. Laien können das nicht und werden so von sozialen Situationen, die ihnen konkret vor Augen stehen, in ihrem Spiel getragen und bestärkt. Da Spielen ein Live-Vorgang ist, können ausreichend erprobte, gut ausdifferenzierte soziale Situationen die Spieler in den Aufführungen zu ungeahnten Höhen tragen, weil sie sich stärker einleben und damit tiefer einfühlen können, als wenn ihnen die soziale Situation unklar ist.

Auch pädagogisch stellen soziale Situationen eine wichtige Lernerfahrung für die Spieler dar. Die *Geschichte* eines anderen

Menschen zu erleben, die auf dem Theater ja aus der Gesamtheit aller von der Person durchlaufenen sozialen Situationen besteht, gibt dem eigenen Leben geistigen Hallraum und emotionale Stütze. Dazu kommt das unvergleichliche Vergnügen, einmal nur auf Kosten der Phantasie ein König, Bettler oder angehender Gesangs-Star gewesen zu sein.

Die Anderswelten

Als Jugendlicher begannen mich Theateraufführungen zu faszinieren. Ich fühlte mich den Spielern auf der Bühne, vielmehr den Personen, die sie verkörperten, näher als jedem Menschen, den ich persönlich kannte. Ich lernte zugleich, dass die Schauspieler nach dem Ende der Vorstellung die von ihnen bewohnten Personen verlassen und in der Kantine ein Bier trinken gehen. Dorthin wollte ich auf keinen Fall mitkommen. Wie gerne dagegen wäre ich eingestiegen in ihr Spiel! Nach den Theatervorstellungen lebte ich weiter in dem heilig-bedeutsamen Raum, voller geheimnisvoller und verschworener Verwandlungsverabredungen, den sie zwischen sich gebildet hatten. Gemeinhin nennt man diesen Raum einfach «die Geschichte» oder «das Theaterstück». Aber das sind unbeholfene technische Termini für die in jeder Geste, jedem Tonfall verabredete, dennoch schöpferische Realität des *Spielens*.

Der spielende Mensch, der in fremde Personen einsteigt – oder diese in ihn? – war das eine Faszinosum. Das andere war der Wunder-Raum, in den die Spieler mich entführten: die *Anderswelt* des Stückes. Das Wort Anderswelt ist mit Bedacht gewählt. Für mich wohnt in diesem Wort ein besonderer, kindlich tief mich berührender Zauber. Die Anderswelt ist eine geheime Tür, die sich an unvermutetem Ort zeigt. Eine Tür, die sich nur in einer ganz besonderen Stimmung oder ganz besonders Gestimmten zeigt. Unter Anderswelt verstanden die Kelten eine Jenseitswelt, die neben jener Welt existiert, die wir als «die Wirklichkeit» gelten zu lassen uns geeinigt haben. «Die Wirklichkeit» *existiert* – die Anderswelt muss *gefunden* werden. Einmal gefunden, zeigt die Anderswelt Zusammenhänge, die unser alltägliches Bewusstsein als naiv entlarven. Wer die Anderswelt gefunden hat, kehrt *verwandelt* wieder in «die Wirklichkeit» zurück.

Natürlich gehört die Geschichte von der Tür und von der Rückkehr als mit neuen Fähigkeiten Versehener zu den Gründungsmythen der Anderswelt. Auf das Theater bezogen aber spielt sie in einer Gegenwart, die schlicht durch die Tür eines Zuschauerraums betreten werden kann. Und die in eine erstaunliche Tiefe hineinführt, sobald man sich auf ein Theaterstück einlässt. Theater ist *eine* Anderswelt. Damit will ich nicht sagen, dass Theater die «wirkliche» Anderswelt ersetzt. Wie naiv das alltägliche Bewusstsein ist, was es alles ausspart, verdrängt, schlicht *nicht weiß,* ist uns heute so geläufig, dass wir von Anderswelten – im Plural – mit starken Gründen überall dort sprechen dürfen, wo wir Zusammenhänge berühren, die uns vorher gänzlich unbekannt waren und die uns als Verwandelte «zurückkehren» lassen. Also zum Beispiel beim Theater. Dass das Theater aber von Anfang an als Anderswelt konzipiert war, sehen wir an den Themen der ersten, der griechischen Dramen, in denen die großen Mythen den Stoff bilden, in denen Götter auftreten und zu den Menschen als ihre Gefährten sprechen.

Erst das leibhaftige Identifikationsangebot der Schauspieler, als konkrete, im Moment sinnlich präsente Menschen in der Anderswelt zu leben, machte mir das Theater über alle anderen Reize hinaus attraktiv. Die Verehrung, die Schauspielerinnen und Schauspieler zu allen Zeiten und in allen Kulturen in erstaunlichem Ausmaß auf sich zu bündeln wussten, hat entscheidend mit diesem Identifikationsangebot zu tun. Wir alle erkennen uns in ihnen. Nur dass sie schöner, tragischer, leidenschaftlicher, komischer, mit einem Wort: *besonderer* sind als wir, die Alltäglichen. «In Wirklichkeit» sind die Spieler diejenigen, die uns *Besonderheitsvergessenen* die Möglichkeit, ein anderer zu sein, als der man war, wachhalten. Sie erinnern uns mit ihren Fremdverkörperungen daran, dass auch wir stets die Möglichkeit haben, uns zu verwandeln. Sie halten spielerisch die Urpotenz der spontanen und totalen Wandlung am Leben, stellvertretend für all jene, die an dieser Potenz nur in mühevollen, kleinschrittigen Veränderungen teilhaben können. Dafür gilt den Schauspielerinnen und Schauspielern unsere rückhaltlose Bewunderung. Deshalb verfolgt sie unser durchaus indiskretes Interesse auch an ihrer «eigenen» Person.

Im Vorgang der theatralen Identifikation erleben wir lustvoll, dass wir mehr werden können, als wir sind. Der Vorgang dieser Identifikation verbürgt das Wachstum unserer Persönlichkeit. Durch Nachahmung werden wir *menschenhaltig*. Die Sympathie, die uns durch das Spielen und die Spieler zum anderen hin beflügelt, führt uns *zu uns selbst*. Zumindest in dem Sinne, dass wir an anderen Menschen lernen, was wir ohne sie nicht könnten.[46] Uns in Identifikationen erweiternd, uns in Nachahmungen befähigend, testen wir das *Menschenmögliche* aus. Wir werden im Spielen *menschlich,* wir werden – was nichts anderes heißt – zu *In-Entwicklung-Begriffenen*.

Rollen im sozialen Raum

Auf den Zuschauerbänken langweilt sich die zweite Besetzung, die eigentlich aufmerksam der Probe folgen sollte. Jungen und Mädchen kultivieren die Ausdifferenzierung der klassenintern festgelegten Rollen, welche die Kinder «in Wirklichkeit» spielen. «Wer wen wie findet» ist das unerschöpfliche Thema, das aus der stets wachen Beobachtung des sozialen Vorgangs «Wer-was-mit-wem-gemacht-Hat» gezogen wird. Die Jugendlichen definieren damit ihre Rollen in der Klasse. Diese entsprechen dem jeweiligen Menschen nur insoweit, wie jedes Klischee zwar einen kleinen Teil der Wahrheit enthält, diesen aber so wirkungsvoll übertreibt, dass der Teil anstelle des Ganzen akzeptiert wird. Entscheidend ist, dass die «Klassenrollen» dem Einzelnen nicht von einem Schriftsteller oder Dichter, sondern von seinen Klassenkameraden, von der Gruppe auferlegt werden. Das Klischee der «Klassenrolle» entsteht durch das Verhalten des Einzelnen in dieser speziellen Gruppe, die ihn beobachtet und einordnet.

Der Verfertigung eines Gruppenklischees kann sich niemand entziehen. Es entsteht auch nicht absichtlich, sondern einfach deshalb, weil das Phänomen «Gruppe» bedeutet, dass Einzelne aus gegebenem Anlass als stabile Formation zusammenkommen – stabil in der Zusammensetzung sowie der Regelmäßigkeit ihrer Zusammenkünfte – und die Einzelnen, aus denen die Gruppe besteht, *beobachten*. Die vielen, stets wechselnd aufmerksamen Augen der Gruppe sehen den Einzelnen sich in ihr abzeichnen. Die soziale Kontur, die der Einzelne dem Wechselauge der Gruppe hinterlässt, wird sein Klischee. So «ist» er dann für die Gruppe. Seine soziale Rolle ist festgelegt.

Die Herausbildung von Rollen, die aus nichts weiter als dem Schattenriss des Einzelnen im diffusen Aufmerksamkeits-Fokus der Gruppe bestehen, ist ein harter Fakt der sozialen Realität. Wer meint, Rollen gäbe es nur auf dem Theater, ist ebenso naiv wie der, der glaubt, die Anderswelt sei eine Erfindung der phantastischen Literatur. Der Einzelne, der in der Gruppe nur als sozialer Schattenriss existiert, ist selbst «eigentlich ganz anders», wie jede Freundin oder jeder Freund weiß. Die Anderswelt ist mitten unter uns in Gestalt unserer übergruppenmäßigen Persönlichkeitsanteile alias «Ich». *Dieses* ist «die Realität»! In der Gruppe existiert der Einzelne nur als eine fiktive Person, die die Gruppe sich als Rolle erfunden hat, um ihn einzuordnen – und die er in ihr erbarmungslos zu spielen hat.

Nur der Freund weiß um das «Eigentliche»: Er öffnet sich der Anderswelt im Klassenkameraden. Mit der Öffnung *dieser* Tür beginnen die Geschichten, die wir später «unser Leben» nennen werden: Sie beginnen irgendwo auf den Zuschauerbänken hinter mir, wo die Achtklässler nicht das tun, was sie tun sollten, nämlich der Probe ihrer Rollenpartner zuzuschauen. Ich lasse sie die Ausbildung von sozialen Klischees betreiben, solange sie mich und diejenigen, die auf der Bühne mühsam ihren Text Realität werden zu lassen sich bemühen, nicht zu sehr stören, weil ich weiß, dass in diesem Schatten vermehrenden Vorgang auch irgendwo, heimlich und unbemerkt, eine Tür zum anderen aufgehen wird.

Das Spielen einer Theaterrolle holt den Menschen aus seiner sozialen Rolle heraus und stellt ihn als *Spieler* in eine neue, erfundene, eine *andersweltartige* soziale Situation. Darin allein liegt schon der pädagogische Wert des Theaterspielens, dass der Einzelne sich aus dem Rollenklischee, das ihm seine Gruppe alias Klasse schattenrissartig verpasst hat, herausbewegen kann. Damit aber noch lange nicht genug. Der *Spieler* kann sich durch alle Erfahrungen bereichern, die ihm die Rolle eröffnet. Denn diese führt ihn in eine Vielzahl ihm persönlich gar nicht zugänglicher sozialer Situationen – als erfolgreicher Sänger der *Comedian Harmonists,* der neuen Engagements entgegenfiebert, oder als König Artus, der unverhofft das ihn zum König bestimmende Schwert aus dem Stein zieht.

Das Spiel öffnet Anderswelten für Spieler – und später für die Zuschauer. Die Bühne ist das magische Tor in die Welt der Verwandlung, in die wir durch *das Spielen* des anderen, den uns die Rolle vorzeichnet, gelangen.

Vierter Ausflug in den Hintergrund: Spielen, kosmisch

Das Spielen selbst ist eine grandiose Metapher für eine Anderswelt. Wenn ich mir bewusst werde, dass ich mich selbst spiele, eine Figur in einer Geschichte bin, die mir selbst ebenso wie meinen Mitmenschen entspringt – Mitmenschen, die mir ihre Impulse ebenso anbieten und aufnötigen wie ich ihnen die meinen –, kann ich ein Gefühl von *Freiheit* entwickeln. Dieses ist nicht da, wenn ich mich anders, nicht spielend, sondern *genötigt* sehe. Es ist meine Entscheidung, ob ich der Not gehorchen oder spielen will.

Spielen auf dieser Ebene bedeutet, bescheiden anzuerkennen, dass nicht alle Impulse meines Lebens mir selbst entspringen, sondern Teil einer Geschichte sind, die ich in der Gemeinschaft mit anderen erzähle. Wir Spieler kennen den Ausgang unserer Geschichte nicht. Der Wert der Spiel-Erkenntnis oder vielmehr der Spieler-Haltung besteht aber darin, dass ich nun unser *Zusammenspiel* wahrnehmen kann.

Diese neue Dimension des Spielens meint Friedrich Schillers berühmter Satz: «Denn, um es endlich auf einmal herauszusagen, der Mensch spielt nur, wo er in voller Bedeutung des Wortes Mensch ist, und *er ist nur da ganz Mensch, wo er spielt.*» Schiller weiß um die vieldeutige Rätselhaftigkeit seiner Aussage: «Dieser Satz», fährt er fort, «der in diesem Augenblick vielleicht paradox erscheint, wird eine große und tiefe Bedeutung erhalten, wenn wir erst dahin gekommen sein werden, ihn auf den doppelten Ernst der Pflicht und des Schicksals anzuwenden; er wird, ich verspreche es Ihnen, das ganze Gebäude der ästhetischen Kunst und der noch schwierigern Lebenskunst tragen.»[47]

Das Spiel, so sah es Schiller, gibt die neue Dimension des Lebens. Diese Dimension versucht er, positiv aufzuladen, indem er sie mit dem heute leider inflationären Begriff der «Ganzheit» verbindet. Sehen wir also lieber davon ab, was hier «ganz» sein soll, und stellen wir heraus, dass es ums *Spielen* geht! Erst wenn wir den Satz vom Spiel auf den «doppelten Ernst der Pflicht und des Schicksals» anwenden, wird er, so Schiller, «die ästhetische Kunst» und die zweifellos «noch schwierigere Lebenskunst» tragen.

Verfolgen wir den Schiller'schen Gedanken, dass der Mensch «nur da ganz Mensch ist, wo er spielt», bewusstseinsgeschichtlich zurück, so finden wir bei dem großen Dramatiker William Shakespeare 200 Jahre früher eine Reihe bedeutender Mensch-und-Spiel-Metaphern, in deren Kontext sich die Aussage Schillers deuten lässt. In *Wie es euch gefällt* hat Shakespeare den berühmtesten aller Vergleiche von Bühne und Leben geprägt:

> Die ganze Welt ist Bühne,
> Und alle Frau'n und Männer bloße Spieler.
> Sie treten auf und gehen wieder ab,
> Sein Leben lang spielt einer manche Rollen
> Durch sieben Akte hin.[48]

Die «sieben Akte» sind die sieben Lebensalter vom Kind zum Greis, die Shakespeare durch seine Figur Jacques, einen philosophierenden Edelmann, spöttisch-humorvoll als «seltsam wechselnde» Geschichte kommentiert. In seinem 15. Sonett erweitert Shakespeare, die Welt-Bühnen-Metapher aufgreifend, den ihr zugrunde liegenden Gedanken um einen entscheidenden Aspekt:

> Seh' ich, dass jedem Ding in der Natur
> Die Götter eine kurze Frist nur schenken
> Dass diese Welt ein Riesenschauplatz nur
> Für Spiele, die die Sterne heimlich lenken;
> Seh' Menschen ich wie Pflanzen blühn und steigen,
> Von gleicher Luft getrieben und gehemmt,
> In Jugend prangen, müd' sich abwärts neigen,
> Von der Vergessenheit hinweggeschwemmt;
> Seh' ich dies ewige Bilden und Zerstören,
> Stehst du vor meinem Geist in Jugendpracht,
> Ich fühle, wie sich Zeit und Tod verschwören,
> Zu wandeln deinen hellen Tag in Nacht.
>
> Mit Zeit und Tod kämpf' ich dann um dein Leben,
> Was sie dir rauben, will ich neu dir geben.

Der Lebensentwicklung auf dem «Riesenschauplatz Welt» wird die kosmische Dimension hinzugefügt als «Spiele, die die Sterne heimlich lenken» («shows whereon the stars in secret influence comment»). Aus dieser Perspektive wird etwas Neues in dem «ewigen Bilden und Zerstören» sichtbar: Das Bild eines geliebten Menschen «in Jugendpracht». Dieses Bild, vor dem Hintergrund der Sterne betrachtet, ruft ein ungeheures Engagement hervor: «Mit Zeit und Tod kämpf' ich dann um dein Leben.» Und deckt eine ebenso ungeheure Motivation auf: «Was sie dir rauben, will ich neu dir geben» («And all in war with Time for love of you / As he takes from you, I engraft you new»). Das Engagement für den geliebten Menschen *gegen* die irdischen Gesetze wird aus der kosmischen Perspektive sichtbar!

Dass Spielen in diesem Sinne eine todernste Angelegenheit ist, weiß nicht nur Schiller, der seinen Spiel-Begriff auf «den doppelten Ernst der Pflicht und des Schicksals angewendet» sehen will. Auch Shakespeare beschwört im «Krieg» gegen die Zeit («war with Time»), in der *Verschwörung* von Zeit und Tod einen dramatischen Hintergrund herauf ... Dramatisch? Aber sicher, denn wir sind beim Spiel! Was aber heißt «I engraft you new» – «Will ich neu dir geben»? In den Abschlussversen seines 60. Sonetts macht es Shakespeare unmissverständlich klar:

> Time doth transfix the flourish set on youth [...]
> And yet to times in hope my verse shall stand,
> Praising thy worth, despite his cruel hand.
>
> Zeit unterwühlet Jugendflores Spur, [...]
> Und dennoch dauert, deinem Ruhm geweiht,
> Mein Lied, trotz ihrer Wut, durch alle Zeit.[49]

Mit renaissancehaftem Selbstbewusstsein weiß der Dichter um die Unsterblichkeit seines Wort-Werkes. Die Menschen, die ihn dazu inspirierten, die Geliebten, deren Ruhm oder Wert hier gepriesen wird, sind längst «von der Vergessenheit hinweggeschwemmt». Aber *sie* haben *ihn* inspiriert! Darin liegt die eigentliche Bedeutung des kosmischen Spiels: Es öffnet den Raum zwischen dem Ich und dem Du. Im kosmischen Sinne spielen bedeutet, so zu leben, dass ich den Raum zwischen Ich und Du betrete als denjenigen, in dem wir beide miteinander, durcheinander, aneinander *werden* können. Nicht um meiner selbst willen, nicht, um *mir* neue Kräfte und Dimensionen zu erobern, wird gespielt. *Dir* gilt mein Werk, das, nach Shakespeare, erst durch mein mit Zeit und Tod kämpfendes Neuschaffen deiner Person ein Liebes-Werk zu werden imstande ist.

Neuschaffen *deiner* Person? Shakespeare sagt: «Was sie dir rauben, will ich neu dir geben» («As he takes from you, I engraft you new»), und meint damit den «Jugendglanz» («you most rich in youth»). Das Bild des «Jugend-Reichtums» zielt auf die Werdens-Potenz, die jedem Menschen lebenslang eignet. Beim Jugendlichen ist sie mit Händen zu greifen. Mich motiviert die Wertschätzung deiner Person zu Werken, die dir neue Lebenskraft geben. Das gelingt mir, wenn ich dich lobe, bewundere, fördere.

Shakespeare verknüpft in den beiden Sonetten also die folgenden Motive: Kosmisches Spiel, neues Leben im Du und Kampf gegen die tödliche Zeit. Der Spiel-Aspekt gewinnt seine volle Bedeutung, wenn er, mit Shakespeare über Schiller hinausgehend, als *kosmisches* Spiel gesehen wird. Kosmisches Spiel bedeutet: Wir werden uns bewusst, dass unser eigenes Seelenleben uns mit dem Wirken der Gestirne und der mit ihnen korrespondierenden seelischen Wesen verknüpft. Daher die Bezeichnung «Astralleib». Doch wie ist er gestaltet?

Wir spielen *empfindend*. Planeten und seelische Wesen «spielen ihr Spiel» und haben eigengestaltige Wirkungsweisen. In ihren Göttern haben zum Beispiel die Griechen die astralen Kräfte zu Personen verdichtet. Hermes, Ares und Aphrodite sind kosmisch-seelische Spielfiguren ebenso wie Apollon, Dionysos und Athene. Die Astrologie kennt und befragt eine Auswahl von ihnen unter ihren lateinischen Namen Merkur, Venus, Mars, Jupiter, Saturn und so weiter. Die Götter-Figuren treten uns im kosmisch-seelischen Spiel in unseren *Gefühlen* entgegen. Wie wir mit diesen umgehen, definiert unsere astrale Spielweise und Selbstgestaltungskraft. Erst wenn ich das astrale Wirken und mein irdisches Leben aus der Perspektive eines gemeinsamen Spiels begreifen und anschauen kann, habe ich den kosmischen Spielbegriff.

Ich bin in meinem Leben eine Person unter vielen. Aus dieser Perspektive kann eine *kosmische Bescheidenheit* entstehen. Andere spielen in meinem Leben ebenso zentrale Rollen wie ich in ihrem. Aus dieser Erkenntnis können wir ein neues Leitbild von Gemeinschaftlichkeit entwerfen, denn ohne die anderen Personen wäre mein Leben ohne Geschichte, wäre es nichts als ein ewig-monotoner Monolog. Da wir bei unserem Lebens-Spiel darüber hinaus mit kosmischen Kräften, eben zum Beispiel den Planeten, zusammenwirken, schließt sich uns, den Spielern, ein Orchester der Kräfte an, das wir wie eine Partitur lesen lernen und dann *erneut* zum Klingen bringen können. Wir können, die astrale Partitur entziffernd, diese ertönen lassen und damit in unser Spiel miteinbeziehen.

Die Benennung *Spieler* – in der Einzahl – ist allerdings irreführend. Sie übersieht, dass *ein* Spieler *viele* Personen sein kann und sich in seiner Person jederzeit in einen anderen verwandeln kann, solange er spielt. Der kosmische Spielbegriff befreit uns von der Festgelegtheit auf unsere eine Person. Ich kann jederzeit ein anderer werden! Dazu muss ich mich innerlich dramatisch wandeln – oder schlicht die Rolle wechseln. In den verschiedengestaltigen Gruppen und Aufgaben unseres Lebens leben wir ganz unterschiedliche Teile unserer Persönlichkeit, die wir als eigene Personen betrachten und erkennen können. Wir können lernen, dass diese verschiedenen Personen uns gerade dann in besondere Formen des Zusammenspiels mit anderen bringen können, wenn wir sie als ganz unterschiedliche

«Rollen» gestalten, mittelpunkthafte und randständige, dienende und herrschende, komische und tragische, heldenhafte und erbärmliche.

Aber wir haben unsere Rollen nicht nur im gesellschaftlichen Raum. Ebenso ist unser eigener seelischer Raum von «inneren Anderen» erfüllt, von Personen und Rollen, die wir verinnerlicht haben. Ihrer gilt es ebenfalls bewusst zu werden, um Freiheit im Spiel zu erlangen. Die Freiheit, in zwischenmenschlichen Rollen zu gestalten, hängt entscheidend von der Aufklärung meiner selbst über meine inneren Rollen ab. Wenn ich hier gebunden bin, wenn ich für meine «inneren Anderen» blind bin, wird mich dies im Gestalten meiner Personen lähmen.

Was ich in mir nicht sehen kann, das kann ich auch nicht ausdrücken. Diese Schauspiel-Regel gilt gleichlautend für das kosmische Lebens-Spiel.

Wendepunkte, theaterhandwerklich betrachtet

In der Szene mit dem klingelnden Telefon und den auf neue Aufträge wartenden angehenden Stars haben wir uns mittlerweile in reichhaltige Möglichkeiten der sozialen Situation hineingeprobt und hineinphantasiert. Die Skizze des Ablaufs ist fertig. Wir können die Szene jetzt durchspielen.

Ich beschreibe im Folgenden den Ablauf der sozialen Situationen in dieser einzigen Theaterszene, um theaterhandwerkliche Hilfestellungen zum Lesen von Texten und zu deren Realisation als Bühnengeschehen zu geben. Auch wer nur wenig an Theater interessiert ist, wird die folgende Beschreibung zur Beobachtung von sozialen Situationen in seinem eigenen Leben mit Gewinn lesen können. Spätestens der am Ende des Kapitels entwickelte Begriff der «Wendepunkte» hat weit über das Theatermachen hinausgehende biografische, ja kosmische Relevanz.

Lümmeln und Warten mit Zeitvertreibspielchen
Am Anfang steht eine «leere Situation», eine besondere Art Vorspiel, in dem noch «nichts» passiert. Die «leere Situation» bezieht ihren Charme daraus, dass sie entwicklungslos ist, also immer weiter vor sich hindümpeln kann. Jeder kennt dieses «Zeit Totschlagen». In dem typisch unterspannten Niveau der «leeren Situation» können schöne Kleinstformen von Konflikten, Angebereien und so weiter blühen, die nur stets folgenlos bleiben müssen (also zum Beispiel nicht in einen richtigen Streit münden dürfen), damit die «leere Situation» erhalten bleibt.

Anruf 1: Pointe – nur die Freundin!
Schlagartig wandelt sich das Bild: Das Telefon klingelt, alle springen mit Hochspannung zu ihren vorbereiteten Tätigkeiten. B. zählt: «Eins, zwei, drei», dann hebt er den Telefonhörer ab, und im selben Moment beginnen die anderen mit ihren «Musikagenten-Büro-Imitationsspielen». Die machen Spaß, weil dieser sozialen Situation die erfreulichen Ursituationen «Krach-Machen» und «Angeben» zugrunde liegen. In diesem Lärm versucht B. zu telefonieren, und es stellt sich heraus, es ist – seine Freundin! Alle stellen ihre Musikagentenbüro-Anstrengungen sofort ein, sobald sie dies bemerken.

Wir haben es hier mit einer *doppelt fiktionalen* Situation zu tun. Denn Theater ist immer eine fiktionale Situation, in der wir «so tun als ob». Dies wird hier gedoppelt, weil auch die Personen auf der Bühne mit einem So-Tun-als-ob-Spiel beschäftigt sind. Die Verdoppelung muss als soziale Situation sauber gebaut sein, dann macht sie doppelt Spaß. Packend an ihr sind die heftigen Wechsel von Aktion und Entspannung, von ansatzlosem Tempo und Ausbremsung desselben – und die damit verbundenen heftig schwankenden Emotionen. Eine ideale Szene für den Gefühlshaushalt von Pubertierenden also. Und zwar als Komödie.

Anruf 2: Pointe – Rundfunkhaus!
Viele komödiantische Vorgänge benutzen das Mittel der Kontrastierung durch Wiederholung. In unserem Beispiel lümmeln nun wieder alle herum, während B. mit seiner Freundin telefoniert. Kaum hat er aufgelegt, klingelt das Telefon erneut. Die bereits bekannten Musikagentenbüro-Vorgänge wiederholen sich. Diesmal ist aber tatsächlich jemand Wichtiges dran. B. gestikuliert um Ruhe, alle lauschen gespannt, während er cool mit dem Leiter der Berliner Rundfunkanstalten verhandelt. Als er auflegt, herrscht Jubel.

Das Schwelgen im vorgestellten Erfolg
Nun könnte man zur Tagesordnung übergehen – zur Musikprobe. Aber das geschieht nicht. Was stattdessen passiert, hat seinen besonderen Reiz in dem Umstand, dass das Proben, als Routine für Musiker, nicht beginnt. Die Personen lassen, wie es Brecht einmal formulierte, «einen kleinen Ballon steigen». Sie machen also etwas, das völlig überflüssig, aber *sehr schön* ist. Sie phantasieren sich in die Zukunft, schwelgen in der Vorstellung zukünftiger Erfolge, fühlen sich als die Eroberer der Welt. Äußerlich gesehen wieder eine «leere Situation», diesmal aber nicht unterspannt, sondern von lyrischer Höhe. Der Wert dieser Situation besteht darin, dass wir jede Person – und damit jeden Spieler – in Ruhe schmunzelnd in *ihrer Art und Weise* beim Schwärmen betrachten können. So öffnet diese Situation uns den Blick auf die Individualitäten und gibt uns Gelegenheit, diese zu charakterisieren.

Aber auch der schönste Vorgang ist irgendwann vorbei. Diesmal klingelt nicht das Telefon, sondern es klopft an der Tür. Das alleine wäre eher langweilig, Spannung abbauend. Deshalb haben wir diesen Übergang etwas kulinarischer gestaltet.

Erna statt Probe – Probe für Erna
Bevor es an der Tür klopft, sagt eine Person: «So, meine Herren, dann mal Probe!» Es klopft genau in dem Moment, wo alle auf-

gestanden sind. E., die Geliebte von H., kommt herein mit einem privaten Anliegen. Alle setzen sich wieder unter Bekundungen des Missfallens über die Störung. Das Aufstehen war also sinnlos, man hätte es auch weglassen können – und so einen köstlichen, weil amüsanten Spielvorgang ausgelassen. H. muss nun, schnell und verlegen, unter dem Druck dieser von den anderen verbreiteten Stimmung, ein äußerst wichtiges Liebesgespräch mit E. führen. Sie ist gekommen, um sich bei ihm für einen gestrigen Vorfall zu entschuldigen, der leider, aber was hätte sie tun sollen ... Alles sehr leerlaufend, nur durch eine große Wendung zu retten. H. bittet E., bei der Probe zuzuhören. Dafür sind jetzt sofort alle wieder begeistert, schließlich ist E. hübsch und ihre Beziehung zu H. noch kaum gefestigt ...

Die Szene endet mit einem schmelzenden Liebeslied, gesungen ganz allein für E., statt mit einer routinehaft-langweiligen Gesangsprobe. Beim Singen tun sich einzelne gewaltig hervor, um E. zu imponieren, die schüchtern und voller Bewunderung – nur für H. – zuhört. Ende der Szene.

Die beschriebenen sozialen Situationen sind unsere konkreten Vorschläge zur Anreicherung des Textes mit anderswelthaltiger Lebendigkeit. Sie stehen so nicht – oder nicht genauso – im Text. Jeder Regisseur, jedes Ensemble wird eigene soziale Situationen finden wollen und müssen. Wichtig ist, *dass* er sie findet, sonst bleibt das Spiel oberflächlich oder abstrakt. Gerade im Laienspiel ist die Technik der sozialen Situationen entscheidend für die Identifikation und damit das Wachstum der Schüler mit und an ihrem Spiel.

Ich möchte das Augenmerk noch auf einen weiteren Punkt richten, in dem sich ebenfalls Theaterhandwerk, Biografie und kosmischer Spielbegriff begegnen. Es ist nicht die soziale Situation selbst, sondern es sind die Übergänge oder Umschläge von einer in die andere. Theaterhandwerklich nennen wir sie *Wendepunkte*.

In der beschriebenen komödiantischen Szene sind Wendepunkte fast ausschließlich durch äußere Impulse gegeben: Telefonklingeln, der Auftritt einer neuen Figur. Lediglich die Wendung ins Schwärmen ist innerlich motiviert und erzählt daher viel über die Personen, die diese Wendung nehmen. Doch ganz gleich, ob äußere oder innere Impulse die «Wendepunkte» herbeiführen, sie sind stets *Wandlungen von Grund auf*, *Metamorphosen*, und als solche gilt es, sie wichtig zu gestalten. Eine Aufführung, die keine Wendepunkte zu gestalten vermag, wäre ebenso spannungslos wie ein Leben, das ohne dramatische Wandlungen im Inneren und Äußeren verliefe. Unser Leben verläuft ebenfalls nicht nur in beliebig ausweitbarem Sich-Ausphantasieren des Ewig-Gleichen. Es wird gerade erst durch seine markanten Wendepunkte – die Buchstaben der «Lebensschrift» – zur Biografie.

Für das pädagogische Theater ist das Vorhandensein von Wendepunkten innerhalb der einzelnen Szenen auch deshalb wichtig, weil Kinder so ganz praktisch handelnd die Kraft der «Revolution» erfahren können. Revolution? – Dieses Wort heißt, auch auf Sternbahnen bezogen, nichts anderes als «Umwälzung», also Wendepunkt![50]

Fünfter Ausflug in den Hintergrund: Krisen, karmisch

Wie kommen die «Revolutionen», die alles umwälzenden Epochenbrüche, in unserem Leben zustande?

Der Mediziner und Psychologe Markus Treichler schreibt, jede Entwicklungsphase im Menschenleben habe «ihren eigenen Charakter, der zuweilen so stark sein kann, dass die nächstfolgende Entwicklungsphase mit ihrem eigenen Wesen gar nicht Fuß fassen kann. Auf diese Weise würde eine *konservative Krise* entstehen. Umgekehrt bildet sich die *progressive Krise* heraus, wenn der Charakter eines kommenden Entwicklungsschrittes sich mit Macht ankündigt und dabei das Wesen der noch bestehenden Phase zurückdrängt. Die mittlere Entwicklungskrise, die auch als *Vakuumkrise* bezeichnet werden könnte, ist demgegenüber durch eine Schwäche, ein Versiegen oder Nachlassen der Kräfte der zu Ende gehenden Entwicklungszeit und eine noch nicht tragfähige Kraft des neuen Entwicklungsabschnitts gekennzeichnet. So entsteht das Vakuum; das Alte trägt nicht mehr und das Neue noch nicht.»[51]

Treichler versucht, den Krisencharakter biografischer Epochenbrüche phänomenologisch zu fassen. Wenn die neue Phase, der neue Entwicklungsschritt nicht oder zu schwach kommt, entsteht nach Treichler die *konservative Krise*, bei der vormals Wesentliches über seine Zeit hinaus dauert. Der Mensch ist auf einem bestimmten Schritt seiner Entwicklung stehen geblieben. Umgekehrt können nach Treichler auch zu früh einsetzende Entwicklungen das noch notwendig Bestehende «zurückdrängen». Die *progressive Krise* erfüllt den Tatbestand dessen, was Rudolf Steiner in sehr verschiedenen Zusammenhängen als «Verfrühung» beschrieben hat. Dieser Gedanke gehört zu Steiners zentralen prozessphänomenologischen Einsichten. Bei Treichler bleibt undeutlich, wie das «Zurückdrängen» seelisch konkret geschieht. Die dritte Form, die *Vakuumkrise*, beschreibt Treichler plastisch als Versiegen der alten und Ausbleiben der neuen Energien. Die Anwendung der zeitlich-mechanischen Kategorien *zu früh – zu spät – nicht mehr tragen – noch nicht tragen* macht deutlich, dass Treichler hier seelische Prozesse in ihrer ätherischen Wirkung charakterisiert.

Wie aber wären Krisen im Seelischen selbst zu beschreiben? Ruth Ewertowski wagt diesen Blick: «Seit Aristoteles spricht man bezüglich des Dramas von der *Peripetie*, dem Umschlagpunkt als ausgezeichnetem Punkt in der Mitte des Dramas. Diese Peripetie, die entscheidende Wende, geschieht unerwartet, und zwar unerwartet vor dem Hintergrund des zu Erwartenden, also in einer Spannung von Ordnung und Unordnung. Dieser Punkt liegt jenseits von Rationalität und Irrationalität, von Gesetz und Anarchie, von Determination und Zufall. [...] Es ist das, was die *history* zu einer *story* macht, was Evolution zu einem Unabgeschlossenen und dennoch Ganzen, einem Kunstwerk, macht, nämlich so, dass die Kontingenz [Zufälligkeit] stets im Nachhinein von uns als sinnvoll erlebt werden kann. Dieser Einschlag des Unerwarteten, diese Spannung zwischen Ordnung und Unordnung ist das eigentlich Dramatische. Dieses ist nicht nur der literarischen Gattung des Dramas vorbehalten. Es ist auch und ganz besonders ein Aspekt des Karmas, denn Karma ist gewissermaßen die *story* der Individualität, das Kunstwerk ihrer Inkarnation, in dem immer wieder völlig Unerwartetes und radikal Veränderndes geschieht, was eben jedes Karma unverwechselbar macht.»[52]

Vom seelischen Gesichtspunkt stellt sich bei jeder Krise die Frage nach Sinn und Sinnlosigkeit. Jede Krise stellt uns vor eine Entscheidung (die sich oft als katastrophal erlebte *Überfülle* der Entscheidungen und Konsequenzen ausmalt). «Wer will ich werden?», fragen uns diese karmischen Krisen, in denen wir uns an Scheidewegen unseres Lebens fühlen, ohne eine Richtung erkennen zu können.

Wir haben es mit einem entscheidenden Charakteristikum von *Sympathie* zu tun. Sie bindet uns ans Leben, aber diese Bindung führt, ganz im Sinne von Treichlers *konservativen Krisen,* nicht notwendig weiter. Hier ist nun *Trennung* angesagt. Gerade das, was Sympathie um keinen Preis will. Es wird entscheidend zu erkennen, dass uns die Sympathie in der Krise ja nicht abhanden gekommen ist. Sie ist nur gelähmt durch die Ausweglosigkeit, in die sie uns geführt hat. Und dennoch ist dies *ihr* Wirken: das Hinführen zum Punkt der Entscheidung. Wir fürchten, in der Trennung selbst nicht mehr übrig zu bleiben, haben Angst, Entscheidendes für immer zu verlieren. Und können doch nicht bleiben, wie wir sind. Krisen führen uns stets auf Urmotive unserer gegenwärtigen Inkarnation zurück und machen uns darauf aufmerksam, dass wir im Begriff standen, deren Intention zu verlieren. Im Urmotiv zu leben bedeutet aber für den Moment, sich entkernt und fast auf ein Nichts zurückgeworfen zu fühlen.

Nun kommt es darauf an, gerade im Moment der äußersten Schwäche mein aus der Vergangenheit geprägtes Selbst durch den, der ich werden will, zu vernichten. Die primäre Motivation des Menschlichen besteht darin, ein anderer werden zu wollen als der, der man ist. Geboren wird sie aus der verzweiflungsvollen Unzufriedenheit mit dem, was Gegenwart und Mitwelt an Zumutungen anzubieten haben. *Die Welt muss besser sein können, als sie ist* – dieser Gedanke führt aus der Krise hinaus. Und eröffnet eine neue Perspektive.

Wendepunkte im Spiel der Seele

Auch auf dem Theater ist die Wandlung einer Situation in die andere eine Krise der vorangegangenen Situation, die bald von dieser nichts übrig lässt als die Personen. Der Unterschied zwischen Theaterhandlung und Leben besteht in dem schlichten, aber die Lebens-Dramatik ausmachenden Unterschied, dass wir im Leben den *Ausgang* der sich uns wandelnden Situationen nicht kennen. Durch den Vergleich mit dem Umschlagen einer theatralen Situation können wir uns einen Ausblick darauf verschaffen, was bei biografischen Wandlungen in uns vor sich geht. Bestenfalls werden wir so das Zusammenwirken unserer Seele mit den kosmischen astralen Kräften erkennen.

Ich wähle zu diesem Zweck eine neue Theatersituation, die ihren Wendepunkt textlich anspruchsvoller gestaltet als die oben betrachtete komödiantische Situation aus den *Comedian Harmonists*. Es ist eine zutiefst tragische Situation. Ein Liebespaar hat, nach Jahrzehnten der Qualen, die dadurch entstanden, dass die weibliche Hälfte verheiratet ist, gemeinsam Reißaus vom alten Leben genommen und ist an einem Ort angekommen, wo es endlich zum ersten Mal alleine ist.

KÖNIGIN GINEVRA: Wie glücklich wir sind! Endlich lauscht niemand mehr hinter den Türen, keine misstrauischen Blicke ... [...] keine verschlüsselten Botschaften ... nicht mehr lügen ... ich muss keine Dienstboten mehr bestechen ... Ich muss nicht wachliegen und vergeblich warten, muss mich nicht ängstigen um dich! ... Wir können miteinander reden, den ganzen Tag bis in den Abend und am nächsten Morgen immer noch, niemand hindert uns, niemand ist misstrauisch ... keine Küsse mehr, die einen anderen kränken ... *Sie stockt.*
SIR LANCELOT: Warum sprichst du nicht weiter?
KÖNIGIN GINEVRA: Ach, Lancelot!
SIR LANCELOT: Woran denkst du?
KÖNIGIN GINEVRA: *schweigt.*
SIR LANCELOT: Du denkst an König Artus.
KÖNIGIN GINEVRA: Ja.
SIR LANCELOT: Du denkst an ihn, du denkst, du willst zu ihm zurück.
KÖNIGIN GINEVRA: Ja.
(Tankred Dorst und Ursula Ehler: *Merlin oder das wüste Land*)[53]

Zwischen dem anfänglichen «Wie glücklich wir sind!» und der abschließenden Bejahung der Gedanken lesenden Feststellung «Du willst zu ihm zurück» endet die jahrzehntelange Affäre von Königin Ginevra und «ihrem» Ritter Sir Lancelot. Im Nicht-zu-Ende-Sprechen der Sätze dringt aus Ginevras Unterbewusstsein die Wandlung herauf. Was sie als eine Aufzählung erlösender Momente erscheinen lassen will, verrät schon in seiner Form, dass es nicht *Erlösung*, sondern *Auflösung* ist. Nach der sich dergestalt als Irrtum erweisenden Feststellung «Wie glücklich wir sind!» bringt Ginevra keinen Satz mehr zu Ende. Ein «Ach», Schweigen und zweimal «Ja» – dann ist das behauptete Glück endgültig vorbei. Ginevra wird sterben, ohne Lancelot jemals wiederzusehen. Dennoch wird sie sterben ganz in Gedanken an ihn: «Ich bete ... ich bete, dass Lancelot erst kommt, wenn ich nicht mehr lebe. Ich liebe ihn mehr als alles, was ich in der Welt geliebt habe, und ich hätte nicht die Kraft, ihn noch einmal mit meinen irdischen Augen anzusehen» werden ihre letzten, im Kloster gesprochenen Worte sein.[54]

In dem Dialog, den wir betrachten, endet also keinesfalls die *Liebe* zwischen den beiden. Nur die über so lange Zeit erhoffte Gemeinsamkeit stellt sich jäh anders als erwartet ein. Sie konnten nicht zusammen sein; jetzt könnten sie es – und stellen fest, dass es beim Nicht-Können bleibt. Die Wandlung besteht darin, dass ein Wunsch an der Realität zerbricht. Das alleine schon wäre tragisch. Noch tragischer ist hier, ihn *im Moment seiner möglichen Realisierung* zerbrechen zu sehen. Das ist die seelische Situation.

Die Kraft, die aus Ginevras Unterbewusstsein heraufdrängt, können wir eine saturnische, von Ernüchterungs-Kräften geprägte, nennen. Die Königin weiß nichts von ihr, ihr Bewusstsein spricht: «Wie glücklich wir sind!» Je mehr sie sich dieses Glück aber zu vergegenwärtigen sucht, desto mehr entschwindet es. Ja, gerade dass sie es sich mit Worten vergegenwärtigen muss, anstatt ihren Liebhaber einfach zu umarmen und liebestrunken mit ihm ins Bett zu gehen, zeigt das Herannahen der Ernüchterung an. Diese lässt sie stocken. Das Ende, zu dem sie kommen will, der Kuss und die endlich mögliche Vereinigung mit dem Geliebten, wird *gänzlich gegen ihren Willen* verhindert.

Da kann man von Karma sprechen. In Ginevras Seele wacht, psychologisch betrachtet, das bereits von ihr offen eingestandene schlechte Gewissen auf («... nicht mehr lügen ...»). Dieses aber kennt sie schon lange. *Jetzt,* im Moment der möglichen Vereinigung, steigt das Bild des Verlassenen, steigt die Individualität des Königs Artus vor ihrer Seele auf. Sie wirkt als «Saturn» auf ihr Liebesverlangen zu Lancelot. Das schlechte Gewissen siegt, würde der Psychologe feststellen.

Wir können noch ein bisschen tiefer blicken. Das Karma wird nach Ruth Ewertowski *story*, weil die eigentliche Gemeinsamkeit von Lancelot und Ginevra die freundschaftliche Liebe zu König Artus ist. So erkennt Lancelot auch sofort das Bild, das in ihren Gedanken aufsteigt: «Was denkst du?», fragt er und weiß es schon, liest es überdeutlich aus ihrem folgenden Schweigen: «Du denkst an König Artus.»

Das Zusammentreffen von aktueller menschlicher Seelenregung und karmisch-kosmischen Kräften ist hier gestaltet. Wie Ginevra *jetzt, in dieser Situation,* das Bild des Königs Artus denkt, verschlägt ihrem vermeintlichen Glück die Sprache. Das Bild alleine muss diese Wirkung nicht notwendig ausüben. Sie könnte auch voller Verachtung und Hass an denjenigen denken, der sie so lange gefangen gehalten hat, und mit dem Gefühl des Triumphes in Lancelots Arme fliegen. Aber das Bild des Artus ist ihr saturnisch gefärbt. Es steht im Zeichen des Erkaltens, des Abschieds und der Ernüchterung. Ihr bleibt nur anzuerkennen, dass aus ihrer Liebe in diesem Leben nichts mehr werden kann. Sie muss schmerzlich ihre tatsächliche Gemeinsamkeit mit Lancelot von der ersehnten unterscheiden lernen: «Du hast dasselbe gedacht», sagt sie noch, bevor sie ihn verlässt. Gemeinsame Gedanken, gemeinsame Gefühle – aber keine gemeinsamen Taten, das ist das Karma dieser großen Liebesgeschichte.

Sechster Ausflug in den Hintergrund: Aphrodite

Wenn in der gerade betrachteten Szene saturnische Enttäuschungs-Kräfte die erwünschte Vereinigung verhindert haben, dann ist dies ein Hinweis *ex negativo* (durch das Gegenteil) darauf, was die Wirkungskraft Aphrodites ausmacht, die wir uns nun verdeutlichen wollen. Erst einmal tatsächlich *ex negativo* mit einem Lied, das in der Interpretation der Sängerin Billie Holiday berühmt wurde.

> Without your love
> I'm like a song without words
> Just like a nest without birds
> Without your love
> Fine sun above
> Will never shine at my door
> My life holds nothing in store
> Without your love
> I rode the crest of a wave
> With you beside me
> Now who's to guide me
> Because I'm lost at sea
> Without your love
> I'm like a plane without wings
> A violin with no strings
> Without your love.
> (Text von Johnny Lange)

Was vom Liebenden übrig bleibt, der nicht mehr geliebt wird, so klagt das Lied, erscheint ihm nutzlos wie eine Geige ohne Saiten, leer und trostlos wie ein Lied ohne Worte, er fühlt sich schiffbrüchig und zum Absturz verdammt wie ein Flugzeug ohne Flügel. Die Wucht der naiven Bilder macht fühlbar: Ohne Liebe ist das Leben zwar noch das Leben und die Welt vielleicht noch die Welt. Aber jeglicher Zauber, jegliche Freude und jegliche sinnhafte Verbindung mit Welt und Leben sind verloren gegangen. Wenn der andere nicht mit mir spielt, mich nicht mehr mit sich spielen lässt, wenn ich aus der Du-Spannung und Paar-Beschwingtheit herausfalle, bin ich mir selbst ein nutzloses Ding.

Wir alle wissen um die Qualen verschmähter Liebe. Wenn wir zugestehen, dass mangelnde und entzogene Liebe die *prima causa* aller psychischen Krankheiten darstellt, können wir ihre Schmerzen als die schlimmsten ansehen, die es im Seelischen gibt. Diesen Tatbestand will ich hier nicht ausbreiten, nur andeuten und so dem Zustand abwesender Liebe den komödienhaften Unterton nehmen. Um der Liebesgöttin in ihrer eigenen Gestalt zu begegnen, werden wir sie nun mit den Worten eines wunderbaren orphischen Hymnus anflehen und um ihr Erscheinen bitten:

An Aphrodite
Himmlische, liederreiche
Hold lächelnde Aphrodite!
Meergeborene, Göttin der Zeugung,
Reine, Freundin nächtlicher Feiern,
Nachtgöttin, Verbinderin, Mutter
Des Zwanges, Flechterin des Truges;
Alles ist ja aus dir,
Du verbandest das Weltall im Innern,
Du gebietest der Dreizahl der Moiren,[55]
Alles bringst du hervor,
Was da im Himmel ist,
Was auf der früchtereichen Erde
Und in den Schlünden des Meeres lebt.
Des Bakchos heilige Tafelgenossin,
Freundin festlicher Liebesstunden,
Ehesenderin, Mutter der Sehnsucht,
Überredung zum Lager der Liebe,
Geheimnisvolle, reizspendende Herrin!
Unsichtbare, Erscheinende,
Lieblich gelockte, edelgeboren,
Bräutlich verbindende, Quelle des Lichts,
Unter den Göttinnen Herrschende, Wölfin,
Männerfreundin, Spend'rin des Lebens,
Ersehnteste, Senderin der Geburt;
Du verstrickest die Sterblichen
Und der Tiere Geschlecht,
Das unzählige, lieberasende,

Unter dem Liebeszauber
In den zügellos taumelnden Zwang.
Komm, Kyperns göttlicher Spross!
Ob du nun weilst im Olymp,
Göttliche Königin,
In freudiger Schönheit das Antlitz;
[...]
Ob du auf goldenem Wagen umhegst
Auf Ägyptens heiligen Fluren,
Wasser, rauschend von Zeugungskraft –
[...]
Komm, o selige Göttin
Mit holdseligem Angesicht,
Hör mich, ich rufe dich an
Mit reiner Seele und heiligen Worten![56]

Der orphische Hymnus feiert die Liebesgöttin in so berückender Weise, dass man ihr sofort und selbst noch in ihrer Papierform erliegen möchte. Machen wir uns von der Betörung frei und versuchen wir zu erkennen, welche Qualitäten hier als der Aphrodite zugehörig besungen werden. Vom *Zwang* ist die Rede, der als *zügellos taumelnd die Sterblichen und der Tiere Geschlecht* im *Liebeszauber verstrickt*. Dieser Zwang, unverblümt benannt, ist der Zwang des Geschlechtstriebes; nennen wir ihn poetischer mit dem Hymnus: *Überredung zum Lager der Liebe.*

Durch den zwingenden Trieb wird Aphrodite aber die *Flechterin des Trugs*, die *Wölfin*. Der Hymnus verrät mit diesen wenigen, darum umso merklicheren negativen Aspekten quasi nebenbei, dass er die Schattenseiten der *Nachtgöttin* sehr wohl kennt. Doch weiß er sie gerade darin als *Spenderin des Lebens!* Leben verflicht uns in den Trug der Sinne, Leben ist Krise des Geistes in den Täuschungen der Sinnlichkeit.

Die bacchantisch-köstliche Nachtseite des Lebens, sogar die Zeugung neuen Lebens – geistig, physisch und seelisch – geschieht im unbewussten Taumel der Sinnlichkeit. In ihm verlischt zuerst einmal das Bewusstsein fast gänzlich und muss über die Stufen des Lebens *durch Lernen* erst wieder entflammt werden.

Das Wesen der *Göttlichen Königin* ist damit noch nicht hinreichend erfasst. Lust des Werdens und Schmerz der Lebens-Liebes-Krise sind erst zwei Seiten ihrer großen Persönlichkeit. *Alles ist ja aus dir,* sagt der Hymnus von der *Göttin der Zeugung.* Schlichtweg *alles bringst du hervor, was da im Himmel ist, auf der früchtereichen Erde* und was *in den Schlünden des Meeres lebt.* Das tierische und menschliche, das beseelte Leben also, kommt von ihr. Diesem ist Aphrodite die *Verbinderin,* sie verbindet *das Weltall im Innern.* Sie bringt die *Ehe* – das Inbild der über das Triebhafte hinausweisenden Vereinigung. *Bräutlich verbindend* wird sie zur *Quelle des Lichts.* Sie stiftet das Wunder der Gemeinsamkeit, das neues Licht in die Nacht der Kreatürlichkeit wirft.

Mit Aphrodite treten wir aus dem Bereich heraus, der nur ichhaft ist, und öffnen uns, der *Mutter der Sehnsucht* folgend, der Welt, dem Du. Dieser Prozess des Verbindens *im Innern* ist der Moment, wo – wie im Mythos von ihrer Geburt versinnbildlicht – aus «Schaum» eine Göttin entsteht.[57] Und nur *eine* Göttin wirkt so: Aphrodite.

Aphrodite nenne ich den Prozess, durch den mir mein höheres Ich als Welt entgegentritt. Nicht als alle Welt, sondern als die Welt, die ich begeistert begrüße, die ich erobern will, zu der meine Sehnsucht fliegt. «*Ich* bin darin!», rufe ich innerlich den Welttatsachen zu, die meine Sympathie wecken. Ich will haben, was mir sympathisch ist, will dabei sein, mitmachen, ich will welthaltig, du-haltig *werden.* Sympathie ist der Wille zum Werden. Wille und Werden sind identisch. Psychologisch gesehen gleicht dieser Prozess dem Vorgang der Identifikation.

Allerdings erhält die aphroditische Identifikation, wie ich sie verstehe, eine völlig andere Wendung, wenn ich von einem höheren, nicht inkarnierten, aber in allen Inkarnationen das Ziel bildenden Ich ausgehe, das mir in den Personen, Vorgängen und

Dingen, denen meine Sympathie entgegenfliegt, offenbar wird. Die Sympathie führt mir noch nicht eroberte, aber ersehnte Weltgegenden vor und zeigt mir meine Verwandlungsmöglichkeiten. Zeigt, worin ich *noch* – außer dem, was ich schon bin – bestehen könnte. Sie führt mir vor, was ich werden kann. Wenn ich dem mir von Aphrodite, meiner Sympathie, Vorgeführten mein *Ich bin darin!* entgegenrufe, dann identifiziere ich mich damit. *Ich bin darin!* sind die Zauberworte, durch die sich mir die so angerufenen Dinge, Personen und Vorgänge öffnen. Aphroditisch gestimmte Identifikation bedeutet, dass ich auf dem Wege der Nachahmung das andere, in dem ich sein will, mir anverwandeln werde. Ich nenne das die *welthaltig machende Identifikation,* die ein Weg zu mir selbst ist.

Vom Weg des Hermes, der über die Selbstschöpfung im Wort geht, unterscheidet sich der aphroditische Liebesweg in mannigfaltiger Weise. Einmal, weil er nicht vom Seicht- und Brackwasser der Kommunikation bedroht, von ungelösten Rätseln und deren Missdeutung erschwert wird, sondern die Qualen der verschmähten Liebe ertragen muss. Wo der Gewinn der gelungenen hermetischen Deutung im gültigen Wort, in der bewusst gestalteten und beidseitig zuverlässig bejahten Beziehung liegt, geht es Aphrodite um ein bedeutendes *Mehr.* Aphrodites Triumph ist die irdisch-unsterbliche Seligkeit des Geliebt-Werdens und Liebens. Diese wird nicht besprochen, sie ist ein Geschenk. Sie verbindet uns der Welt und den Menschen in bleibender Weise.

Die Pädagogische Aphrodite

Wo sind aber die pädagogischen Implikationen der Aphrodite? Was ich liebe, dem verbinde ich mich, dem Wesen der Sympathie entsprechend. Und wie verbinde ich mich dem Geliebten in der Welt? Wie verbinde ich es mir? – Wir Menschen tun das durch *Identifikation* und *Nachahmung*. Beim Theaterspielen wird es offensichtlich. Identifikation ist dort notwendig, um sich überhaupt einlassen zu können auf das Fremde, auf die Rolle im Spiel. Im Leben bedeutet das Fremde die ganze Welt.

Die Welt ist mir fremd, wenn ich ihr zuerst begegne. Selbst meine Mutter muss ich erst kennenlernen. Bei beseelten Wesen ist es so, dass dieses Kennenlernen einen nicht mehr versiegenden Tätigkeits-Strom nach sich zieht: den Strom der Nachahmung. Nachahmung ist keinesfalls nur eine dem Kindesalter vorbehaltene Welteroberungsstrategie. Gerade als *die* kindliche Weltnachahmungs-Kraft schlechthin bleibt sie ein Leben lang lebenserhaltend. Sie bietet sich uns in jedem Lebensalter als Verjüngungsprozess an. In ihm spricht sich Aphrodite aus: Durch das Nachahmen, das ein spielerisches Sich-Verbinden und Wieder-Lösen ist, machen wir uns weltverwandt, menschenzugewandt und damit *schön! Pädagogische Aphrodite* bedeutet also zunächst *Liebe zur Nachahmung.*

Die zweite pädagogische Implikation der Aphrodite hat mit der Selbstwerdung durch Sympathie zu tun. Ihr Vorgang ist die *Identifikation.* Machen wir es uns noch einmal *ex negativo* deutlich:

Wenn ich mich mit nichts auf der Welt identifizieren kann, bin ich in der Situation Hamlets, dem die Welt im Zweifeln zerfällt: «Ich habe seit Kurzem – ich weiß nicht wodurch – alle meine Munterkeit eingebüßt, meine gewohnten Übungen aufgegeben; und es steht in der Tat so übel um meine Gemütslage, dass die Erde, dieser treffliche Bau, mir nur ein kahles Vorgebirge scheint; seht ihr, dieser herrliche Baldachin, die Luft, dies wackre umwölbende Firmament, dies majestätische Dach mit goldnem Feuer ausgelegt: Kommt es mir doch nicht anders vor als ein fauler, verpesteter Haufe von Dünsten. Welch ein Meisterwerk ist der Mensch! Wie edel durch Vernunft! Wie unbegrenzt an Fähigkeiten! In Gestalt und Bewegung wie bedeutend und wunderwürdig! Im Handeln wie ähnlich einem Engel! Im Begreifen wie ähnlich einem Gott! Die Zierde der Welt! Das

Vorbild der Lebendigen! Und doch, was ist mir diese Quintessenz von Staub?»[58]

Hamlet sieht die Welt ohne Liebe – zerfallend. Wenn die Verbinderin Aphrodite schweigt, geht es uns heute ebenso. Welt-Bejahung durch Welt-Sympathie ist daher eine pädagogische Motivation höchster Güte. Denn die Welt *muss* einem nicht gefallen. Mehr noch: Wir orientieren uns in der Welt anhand unserer Sympathien. Deshalb benötigen wir Enthusiatoren, Menschen, die uns begeistern können. Sie arbeiten mit der Pädagogischen Aphrodite, hier als Identifikationsangebot wirkend, daran, uns zu uns selbst zu *erweitern*. Der Philosoph Peter Sloterdijk sagt es so: «In traditionellen Kulturen müssen die Kinder psychisch mindestens ebenso geräumig werden wie ihre Eltern, um in das Welthaus ihres Stammes einziehen zu können. In avancierten Kulturen treten zusätzlich professionelle Provokationsgeister und Seelenvergrößerer auf – ein Vorgang, der bei den Griechen zur Entdeckung der Schule führte und zur Umwandlung von Dämonen in Lehrer.»[59]

Wer mich begeistert, der öffnet mir Lebens-Raum. Und ich öffne mich ihm und mache ihn zu meinem Partner im Weltraumbilden. Dergestalt geht der Weg der Pädagogischen Aphrodite durch die Techniken der Nachahmung und der Identifikation.

Die Anerkennungsprobe

Ich habe zu Beginn des Kapitels über Aphrodite erwähnt, dass in dem Wort wie in dem Vorgang der «Probe» auch eine Nebenbedeutung im Sinne von *Prüfung* mitschwingt. Eine weitere Nebenbedeutung von Probe ist *Versuch*. Jede Probe ist ein Versuch im Sinne eines Experiments, das scheitern oder gelingen kann. Scheitern und Gelingen beziehen sich sowohl auf die Spieler selbst wie auch auf ihr Zusammenspiel und die Arbeit des Regisseurs.

Je mehr wir uns dabei gegenseitig öffnen und annehmen, desto weiter werden wir kommen. Je mehr wir uns dem Thema und den Formen unseres Spiels öffnen, desto besser wird unser Spiel gelingen. Je intensiver wir die Aufgaben annehmen, die uns das Proben stellt, desto weiter werden wir mit unserem Versuch kommen.

Letzten Endes geht es bei allem künstlerischen Arbeiten nicht um Kreativität oder Phantasie, sondern um Anerkennung: Wie viel Menschenmögliches vermag ich mir vorzustellen? Kann ich das Menschliche so annehmen, dass ich es zu erleben und auszudrücken imstande bin?

Deshalb spreche ich von der Anerkennungs*probe:* Ich probiere das Menschenmögliche aus und *eigne es mir an!* Das Menschmögliche ist eine Frage der Tat. Und diese hat ebenfalls mit Anerkennung zu tun, das ist gerade beim Spielen offensichtlich: Was ich mir nicht vorzustellen vermag, kann ich nicht spielen, nicht verkörpern. Erst wenn ich, was ich spiele, auch als *mein eigenes* Handeln anerkenne, wenn ich *mich* das tun *lasse,* was ich mir vorgestellt habe, kann man von wirklichem Spielen sprechen – oder vielmehr: kann man das Spielen wirklich sehen. Denn als Zuschauer besitzen wir einen untrüglichen Sinn dafür, ob etwas glaubhaft gespielt oder unglaubwürdig vorgetäuscht wird. Im ersten Fall nehmen wir das Spielen nicht mehr wahr, im zweiten Fall fühlen wir uns hintergangen und bemerken, abgestoßen, die sich vergebens abmühende Privat-Person des Spielers. Auch das ist ein Aspekt des kosmischen Spielens, dass ich mein Leben als Versuch betrachten kann, der mit der Technik der Anerkennung daran arbeitet, mich so welthaltig und so du-haltig zu machen, wie *ich* es vermag.

Wenn ich meine Taten als Versuch sehe, als Probe in Anerkennung des Menschlichen, kann ich meine Kreativität tatsächlich auf die *soziale Skulptur* zu wenden beginnen, wie Joseph Beuys die ganz konkrete Arbeit am Menschlichen in der Gesellschaft und am Menschlichen in uns selbst genannt hat.

Kernsätze zur Pädagogischen Aphrodite

Aphroditisch will ich die Liebe zum Werden durch Nachahmung nennen, um sie vom berauscht-erotisierten Zustand abzugrenzen, den wir als *aphrodisisch*, verursacht durch Aphrodisiaka, kennen.

Die aphroditische Liebe zum Werden durch Nachahmung finden wir überall dort, wo wir spielen. Ihre entscheidende Wendung ins Kosmisch-Karmische entsteht in einem Wandel der Betrachtungsweise des Spielens, der zu einer höheren Art der Wahrnehmung von Spielen führt. Dieser neue Blick öffnet sich, indem ich anerkenne, dass nicht alle Impulse meines Lebens mir selbst entspringen, sondern Teil einer Geschichte sind, die ich in der Gemeinschaft mit anderen erzähle. Er wird schärfer, fokussierter, indem ich mein verstärktes Bewusstsein neugierig darauf richte, die zwischen Ich und Du sich ausspinnenden Wendepunkte der gemeinsam erzählten Geschichten gestalterisch zu ergreifen – unsere gemeinsamen Wendepunkte mit größtmöglicher Dramatik zu spielen.

Die karmische Wende des Spielbegriffs ermöglicht auch einen Perspektivwechsel in unserem Verständnis von Kreativität. Dieser besagt: Im heutigen künstlerischen Arbeiten geht es nicht mehr um das Hervorbringen von Artefakten, sondern um Anerkennung. Wie viel Menschenmögliches vermag ich mir vorzustellen und damit auszuagieren? Was kann ich spielend sublimieren? Welchen sozialen Raum schaffe ich mir durch mein Zusammenspiel mit den anderen? Wie begegnen wir uns in diesem Raum? Wie sieht unsere dergestalt gespielte soziale Skulptur «von außen», also für andere, aus? Kann ich mehr und mehr erkennen, dass *unser* Spielen dem Sein eine weitere, höhere Ebene hinzufügt?

Wir untersuchen all diese Fragen nicht theoretisch am grünen Tisch, sondern täglich-tätig in Anerkennungs*proben:* Ich versuche in mir und mit meinen Mitmenschen alles Menschenmögliche zu spielen und *erobere mir damit Stück für Stück das Menschlichsein!*

Identifikation
Im Erproben theatraler Identifikationen erleben wir lustvoll, dass wir deutlich mehr werden können, als wir sind. Seelische Verbindungssehnsucht (Identifikation) öffnet die Handlungsmöglichkeit Imitation. Allerdings nicht die Imitation von irgendetwas Beliebigem, gar Abschätzigem. Sondern Nachmachen dessen, was einem mehr als nur gefällt. Wir imitieren aus Identifikationsgründen nur das, was besser ist, als wir selbst bereits waren. Nachahmung, aus dergestalt sehnsuchtsbeflügelt imitierender Identifikation bestehend, ermöglicht das Wachstum unserer Persönlichkeit. Durch sie werden wir *menschenhaltig*.

Spielverwandlung
Das Spiel öffnet Anderswelten für Spieler – und später für deren Zuschauer. Die Bühne ist das magische Tor in die Welt der Verwandlung, in die wir durch das Spielen des anderen, den uns die Rolle vorzeichnet, gelangen. Der Wert der Spiel-Erkenntnis, der Spieler-Haltung, besteht darin, dass ich mit ihr mein Zusammenspiel mit den Menschen, mit denen ich unsere Geschichte erzähle, wahrnehmen kann.

Im kosmischen Sinne spielen bedeutet, so zu leben, dass ich den Raum zwischen Ich und Du wahrnehme als denjenigen, in dem wir beide miteinander, durcheinander, aneinander *werden* können. Aphroditische Verwandlung meint also das Gegenteil von Verstellung und schließt mystisch-unbewusste Verwandlungen aus. Sie setzt ihren Verwandlungs-Quellpunkt, indem sie dem berüchtigten *tödlichen Ernst* ein Ende bereitet.

Projektion
Der kosmische Spielbegriff eröffnet die Möglichkeit, das Werde-Spiel zwischen Ich und Du in den sozialen Raum zu projizieren. Projektion ist in der Psychologie ein Begriff, der einen beizeiten selbstüberlebensnotwendigen, gleichwohl fatalen Abwehrme-

chanismus beschreibt: Ich halte dich für schuldig, weil ich die Verantwortung für meinen Teil nicht übernehmen kann.

Geben wir diesem Begriff eine neue Chance! Sehen wir das Projizieren als das Zum-Gruppenprojekt-Machen unserer eigenen sozialen Unfähigkeiten. Setzen wir mutig unsere gemeinsamen Werde-Versuche aus uns heraus und veröffentlichen sie, auf dass sie betrachtbar werden! So wird aus selbstbezogen-angstabwehrender Projektion vielleicht eine angstbindende oder sogar Mut machende soziale Aktion.

III. KONFRONTATIONSKUNST: DER VERACHTETE UND DER MENSCHEN VERBINDENDE ARES

«Zwei zankende Jungen haben auf einem Spielplatz in Herne eine Massenkeilerei mit mehr als zehn Beteiligten ausgelöst. Die zehn und elf Jahre alten Kinder gerieten am Mittwochabend beim Spielen so heftig aneinander, dass die Mütter einschreiten mussten. Doch anstatt die kleinen Streithähne zu trennen, gingen nun die erwachsenen Frauen (28 und 31 Jahre alt) aufeinander los. Und damit nicht genug: Während sich die Mütter zankten, mischten sich immer mehr Verwandte und auch Unbeteiligte ein. Am Ende stritten und schlugen sich dreizehn Menschen auf dem Spielplatz. Erst die Beamten konnte die sich Prügelnden trennen. Worum es in dem Streit ging, war zunächst unklar. Die Polizei ermittelt gegen vier Beteiligte unter anderem wegen Körperverletzung.» (dpa vom 22. April 2011)[60]

Streitende Kinder – skandalisierende Eltern

Wir betreten den Schauplatz, eine dritte Klasse. Fünf-Minuten-Pause zwischen zwei Unterrichtsstunden. Die Kinder betreiben altersübliches soziales Miteinander, die Lehrer geben einander zum Stundenwechsel die Klinke in die Hand. Wir konzentrieren uns auf drei Jungs, nennen sie Alex, Bernd und Caspar. Die drei sind weder besonders befreundet noch verfeindet. Heute will Bernd einfach nur Caspar, seinen Sitznachbarn, zum Lachen bringen.

«Hey, Alex», ruft Bernd, «guck mal, dein Mäppchen fliegt runter!» Während Bernd ruft, blinzelt er Caspar zu – dem Sitz-

**Krieger schwingen Schwerter. –
Gelingt dabei ein Innehalten?**

Mars von Giovanni da Bologna (1528–1608).

nachbarn, um dessen Aufmerksamkeit es geht –, feixend. Bernd feixt also und schiebt Alex' Federmäppchen Richtung Tischkante. Bernd und Caspar haben richtig Spaß: Das wird super, wenn Alex sieht, was mit seinem Mäppchen passiert! Und erst wenn es runterfliegt! Das wird spannend: Was wird er tun – heulen oder explodieren?

Alex, der gerade im Gespräch mit einem Mitschüler war, bemerkt den Vorgang zu spät. Bevor er es verhindern kann, fliegt das Mäppchen auf den Boden. Caspar lacht und auch Bernd ist glücklich. Alex dagegen schaut fassungslos. Und nun bekommt die Sache leider einen kleinen Haken. Alex hebt nämlich sein Federmäppchen auf, die Unterlippe zittert, er schaut wutentbrannt zu Caspar und Bernd hinüber. Mit Wucht wirft Alex sein Mäppchen nach Bernd: «Lass das, Mann, sonst knall ich dir eine!», schreit Alex dem Geschoss hinterher. Bernd jault auf, das Mäppchen hat ihn an der Wange getroffen und dort eine Schramme hingekratzt. Die sieht Caspar und geht auf Alex los.

Die beiden Jungen, die sich nun wütend, keuchend und schließlich heulend ineinander verbissen am Boden wälzen, habe beide ein reines Gewissen und die besten Motive. Alex verteidigt sein Eigentum, Caspar verteidigt seinen Klassenkameraden. Die Eltern der beiden Jungen werden später von «erschreckend bösartiger Gewalt», «völligem Mangel an normalem menschlichem Mitgefühl» und «unverantwortlichen Lücken in der Aufsicht durch den Lehrer» sprechen und damit drohen, Rechtsmittel einzulegen. Dabei wollte Bernd eigentlich nur für Caspar einen Spaß machen. Als der Lehrer die beiden Kämpfer trennt, hat Alex einen gebrochenen kleinen Finger, und Caspar bekommt noch am selben Tag heftiges Fieber, das in eine Kinderkrankheit mündet.

Jeder der Kontrahenten wird unfehlbar nach einem solchen Kampf anführen, der andere habe «unfair» gehandelt.[61] Er wird detailliert beschreiben, worin diese «Unfairness» bestand. Ich habe noch nie gehört, dass ein kindlicher Kämpfer den Anlass der Eskalation bei sich selbst gefunden hätte. Alleine schon, dass er selbst Schmerzen – körperliche wie seelische – empfunden hat, ist «unfair». Aber es geht weiter. «Ich habe doch nur ..., und dann hat er ...» wird empört zur Begründung angeführt. Die Tendenz der Aussage lautet stets: *Ich* habe doch *nur* gestoßen, *er* aber hat gleich *dreimal brutal* zugehauen! Der eigene Anteil ist vernachlässigenswert. Die Taten des anderen dagegen schreien zum Himmel.

Wir betreten damit den zentralen inneren Kampfplatz: Er öffnet sich zwischen Angriff (der grundsätzlich übertrieben wird) und Verteidigung (die grundsätzlich herabgespielt bis geleugnet wird). Angriff, das wissen die kleinen Kämpfer ganz genau, kommt bei den Erwachsenen nicht gut an. Verteidigung dagegen ist berechtigt und lobenswert. Gebe ich meine Handlungen als Verteidigung aus, das weiß jedes Kind, kommt sofort der andere ins Verhör. Habe ich es geschafft, mich als Opfer darzustellen, dann ist der andere in der miesesten Position: Er ist der Böse. – Es ist wenig überraschend, dass wir auf dem inneren Kampfplatz ausschließlich dieser Strategie begegnen.

Was geschieht, wenn sich Erwachsene von einem «Opfer» mit Parteilichkeit infizieren lassen, zeigt das eingangs zitierte Beispiel der Spielplatzschlägerei. Der Erwachsene, der sich bewusst ist, dass er keine Partei ergreifen darf, wird bei seinem Versuch, die Streitursache aufzuklären, Folgendes zu hören bekommen: «Ja, aber der hat ...!» «Das stimmt gar nicht, du hast zuerst!» «Aber *du* hast angefangen!» «Nein, *du!*» Die Untersuchung, woher der Streit kam, mit der Frage: «Wer hat angefangen?», erhält eine zu hundert Prozent vorhersehbare Antwort: der andere! Denn Verteidigung, wir sahen es bereits, ist der gerechtfertigte Angriff. So viel Kunst der verbalen Kriegsführung beherrschen heute alle Kinder mühelos. Wie bei Alex, der das Mäppchen warf, das ihm heruntergeschmissen wurde. Wie bei Caspar, der den verletzten Freund rächte. Wie bei Bernd, der für Caspar einen Spaß machen wollte.

Sinnvoll wäre, die Sache nach Beendigung des Streits auf sich beruhen zu lassen, denn die «Schuld des anderen» lässt sich nicht wegdiskutieren. Das aber geschieht nicht, denn die eigentliche Eskalation findet *nach* dem Kampf statt: In der Interpretation der Ereignisse durch die Eltern.

Ich treffe die Mutter von Bernd beim Abholen ihres Jungen, dem der Schularzt ein Pflaster auf die Wange geklebt hat. Die Mutter nimmt mich zur Seite. «Sagen Sie, das ist ja nicht das erste Mal, dass Alex durch seine Aggressivität auffällt. Die Sache mit dem Federmäppchen war blöd, und Bernd hat sich ja auch entschuldigt. Aber meinen Jungen gleich im Gesicht zu verletzen, das geht mir entschieden zu weit. Ist Alex denn wenigstens in psychologischer Behandlung wegen seiner Aggressionen?»

Nachmittags dann ein Anruf. Der Vater von Caspar. «Ich wollte Sie jetzt doch einmal ansprechen. Ich habe gehört, mein Sohn soll Alex den Finger gebrochen haben. Caspar ist ganz fertig deswegen. Er hat es doch nicht absichtlich gemacht. Das haben Sie zwar auch zu Caspar gesagt, und das hat ihn auch beruhigt, aber jetzt hat er Fieber bekommen. Es scheint ihn doch mehr mitzunehmen, als es zuerst aussah. Vielleicht liegt das auch daran, dass Bernd und Alex meinen Sohn, den ich zu Hause als sehr ausgeglichen erlebe, immer wieder in solche Situationen bringen, denen er nicht gewachsen ist. Ich habe gerade mit der Mutter von Alex telefoniert ... bei einer solchen Einstellung wundert mich gar nichts mehr. Also mir tut Caspar einfach nur leid, dass er in einem solchen Umfeld leben muss!»

Dann am späteren Abend die Mutter von Alex. «Entschuldigen Sie die späte Störung, aber wir mussten mit Alex nach der Arbeit ja erst noch ins Krankenhaus, zum Röntgen. Wir sind fassungslos. Erst wird unserem Kind von Bernd das Federmäppchen heruntergeworfen, dann bricht ihm Caspar den kleinen Finger. Haben Sie dieses Mobbing schon länger beobachtet? Alex hat uns heute im Krankenhaus davon erzählt, dass Bernd und Caspar ihn schon früher gepiesackt haben, und keines der anderen

Kinder, aber auch Sie haben nicht eingegriffen! Ich kenne das aus meiner eigenen Schulzeit, und ich will, dass mein Kind so etwas niemals erleben muss! Wenn ich dann noch bedenke, was mir der Vater von Caspar heute Nachmittag an den Kopf geworfen hat, als ich mit dem weinenden Alex auf dem Sprung ins Krankenhaus war. Wir überlegen ernsthaft, ob wir rechtliche Schritte ergreifen müssen, um unser Kind zu schützen.»

Die Eltern setzen das Spiel der Kinder mit psychologisch verfeinerten Mitteln fort; die Ausgangslage bleibt identisch: Der andere ist es (letztlich) gewesen! Damit könnte die Sache ihr Bewenden haben. Hat sie aber nicht, weil die Erwachsenen das Kinderspiel nicht nur mitspielen, sondern es seelisch aufladen und ins Maßlose vergrößern. Das geschieht durch folgende seelische Prozesse:

Aufladen der Kindersituation mit eigenen Ängsten (Mobbing, Aggressionen, Situationen, denen man nicht gewachsen ist)
Zwar existieren die damit angesprochenen Verhaltensmuster auch in der Kinderwelt, aber wenn sie zur Erklärung des beschriebenen Streits herangezogen werden, fällt auf, dass immer schon vorherige «Ereignisse» mit eine Rolle spielen *(das ist ja nicht das erste Mal ... immer wieder solche Situationen ... haben Sie das schon öfter beobachtet?)*. Die früheren Vorfälle werden nicht mehr betrachtet, bilden aber eine gefühlte Bedrohungslage für das eigene Kind. Darin taucht dieses jetzt als reines Opfer auf. Die perfekte Grundlage für die Übertragung von Ängsten: Mein Kind, das weiße Blatt, auf dem der blutige Schatten meiner eigenen Verletzungen sich einschreibt!

Die Übertragung der eigenen Ängste findet auf der sprachlichen Ebene, in der Beschreibung der Vorgänge mit Worten aus einem Erwachsenen-Kontext, ihren merklichsten Niederschlag. Kein Kind wird von Aggressionen eines anderen sprechen. Es wird zum Beispiel sagen: «Der ist brutal», und darin wird neben dem Grauen und der Angst auch eine Portion Bewunderung mitschwingen. Sagen Erwachsene «Aggression» zur Verhaltensweise eines Kindes, schwingt darin nur noch Angst und Verachtung. Eben durch diese Abwertung des anderen, wenn ein kindlicher Kämpfer als «Aggressor» benannt wird, trennen sich Täter und Mittäter in das reine Opfer und den reinen Angreifer alias Aggressor. De facto waren alle drei Kinder initiativ am Kampf beteiligt. In der Sicht der Eltern werden daraus zwei Schuldige und ein Unschuldiger. Seltsamerweise ist Letzterer stets das eigene Kind.

Identifikation mit dem eigenen Kind (mir tut Caspar einfach nur leid ... ich kenne das aus meiner eigenen Schulzeit ... mein Kind gleich zu verletzten ...)
Früher wurden Kinder, die sich dergestalt tätlich gestritten hatten, dass die Eltern davon Wind bekamen, von diesen für ihr Verhalten bestraft und ein weiteres Mal verprügelt. Das war inhuman und führte, pädagogisch gesehen, zu nichts anderem als zur Legitimierung von Gewalt. Heute dagegen legen Eltern ihren Verstand in dem Moment ab, wo ihnen ein weinendes – eigenes – Kind gegenübertritt. Das erfreuliche Mitleid, das sie verspüren, lädt sich mit eigenen Ängsten auf, und die rückhaltlose Identifikation mit dem eigenen Kind mündet schließlich in die gnadenlose Verurteilung des «Aggressors» und der «Mitschuldigen».

Dass bei jedem Streit mindestens zwei beteiligt sind, ist eine einfache Einsicht, die durch das maßlose und ausschließliche Mitempfinden mit dem eigenen Kind verdrängt wird. Diese *blinde Empathie* verhindert auch, dass der Konflikt beigelegt werden kann. Die Identifikation mit dem eigenen Kind ist die Ursache der eigentlichen, nach dem Kinderstreit unter Eltern stattfindenden Eskalation. Sie verstellt den realistisch-vernünftigen Blick auf Täter und Mittäter und argumentiert bar jeder Wahrscheinlichkeit innerhalb eines reinen Opfer-Täter-Schemas. Sie schreckt nicht davor zurück, selbst völlig Unbeteiligte – die Mitschüler, den Lehrer, die Eltern der anderen Kinder – haftbar zu machen für etwas, das das eigene Kind eindeutig mitzuverantworten hat *(keines der anderen Kinder, aber auch Sie haben nicht eingegriffen ... wenigstens in psychologischer Behandlung ... bei einer solchen Einstellung wundert mich gar nichts mehr).*

Nicht-Anerkennung der Realität und fehlende Konsequenzen
Keiner der drei Streitenden in unserem Beispiel ist «unschuldig». Bernd hat «angefangen», Alex hat das Mäppchen geworfen und Caspar hat den Kampf mit Alex gesucht. Gleichzeitig käme aber kein vernünftiger Mensch auf die Idee, die streitenden Kinder für Fingerbrüche und Fieber als verantwortlich zu erklären. Wer andern Federmäppchen ins Gesicht wirft, riskiert einen gebrochenen Finger (Alex). Wer auf Kosten anderer Späße macht, kann sich über einen Kratzer auf der Wange kaum beklagen (Bernd). Und wer die körperliche Auseinandersetzung eingeht, darf sich über psychische Folgen wie Fieber (Caspar) nicht wirklich wundern.

Jedes der drei Kinder hat seinen Teil zu dem Streit beigetragen. Jedes der drei Kinder müsste, um zu dieser Einsicht zu gelangen, seinen eigenen Anteil an dem Vorfall sehen. Wie aber soll das gelingen, wenn die Eltern die Schuld vollständig von ihrem Kind wegschieben?

Wenn Eltern die Handlungen ihrer eigenen Kinder nicht nur entschuldigen, sondern diese in die Opferrolle drängen, weil sie sich mit ihnen identifizieren und ihre Ängste auf sie übertragen, geraten die Kinder in eine Situation, die ihren eigenen Gefühlen durchaus nicht entspricht. Schon darin, dass die Kinder sich nach einem Streit heftig rechtfertigen, spricht sich ihr Gewissen und ihr durchaus vorhandenes Empfinden für den eigenen Anteil aus.

Dieses Empfinden für ihre *Mitverantwortung* gilt es seitens der Erwachsenen aufzugreifen. Am besten täte es den Kindern, wenn sie sich untereinander entschuldigen würden und im Gefühl der Reue für den eigenen Beitrag zum Streit dem anderen wirklich verzeihen könnten. Verzeihen macht Kindern übrigens großen Spaß. Sie freuen sich, dass es «wieder gut ist». Sie «lernen etwas» aus dem Streit, wenn dieser Streit beigelegt werden konnte. Was lernen sie? Sie lernen, sich zu versöhnen, im besten Fall sogar zu verzeihen. Das eskalierende Verhalten ihrer Eltern dagegen beraubt sie dieser guten Erfahrung. Es stellt für sich genommen ein pädagogisches Problem dar. Denn in der Situation gegenseitig sich aufheizender Anschuldigungen bleibt allen Seiten nur Frustration über die «bösen anderen».

Aufladen der Kindersituation mit eigenen Ängsten, symbiotische Identifikation mit dem eigenen Kind und Abwesenheit von Konsequenzen gruppieren sich zu einem zentralen Problem heutiger Erziehung. Jede pädagogische Motivation versagt, wenn die Sorge um das Wohl des eigenen Kindes zum Einfallstor für eine jede andere Empfindung lähmende Angstbesetzung wird. Was können wir dagegen tun, unsere Kinder so wichtig zu nehmen, dass wir uns mit ihnen identifizieren? Wie können wir unseren Kindern das Annehmen von selbstverursachten Problemen vorleben und sie zum Verzeihen ermutigen?

Zwei Vorbereitungs-Schritte sind dazu nötig. Der erste heißt: Die Auflösung der Liebes-Gefangenschaft. Der zweite: Die Wieder-Anerkennung des «geächteten Ares». Ares, der griechische Kriegsgott, ein selbst von den eigenen Anhängern gefürchteter Zerstörer, wird *geächtet*, wenn zum Beispiel ein Kind, das einem anderen ein Federmäppchen ins Gesicht geworfen hat, von seinen eigenen Eltern nur Mitleid erfährt. Ein Kind, das seitens seiner Eltern bedingungslose Liebe erfährt, ist kein Kind mehr, sondern eine Geliebte oder ein Geliebter. Damit beginnen wir.

Siebenter Ausflug in den Hintergrund: Die Liebes-Gefangenschaft

Die Schönste liebt den Stärksten, der unschlagbare Sieger die große Bezwingerin durch Liebe. Eine bessere, eine potentere

Verbindung kann es nicht geben. Sollte man meinen. Der Mythos berichtet es anders. Die Beziehung zwischen Ares, dem Kriegsgott, und Aphrodite, der Liebesgöttin, die der unsterbliche Homer erzählt, ist ein Idealfall – aber leider ein Idealfall der Blamage.

Bevor wir den hohen Ton hören, in dem Homer selbst seine Geschichte erzählt, hier zuerst eine Zusammenfassung:

Zeus hatte Aphrodite mit Hephaistos, dem hinkenden Schmiedegott, verheiratet; aber der wahre Vater der drei Kinder, die sie ihm gebar, war Ares, der «gradgliedrige, ungestüme, dem Trunke ergebene und streitsüchtige Gott des Krieges». Hephaistos wusste nichts von diesem Betrug, bis eines Morgens die Liebenden zu lange im Bett blieben. Da sah sie Helios, der Sonnengott, und verriet es dem Hephaistos. Dieser zog sich, vor Eifersucht rasend, in seine Schmiede zurück und hämmerte ein Fangnetz aus Bronze, «fein wie Spinnweb», doch unzerreißbar. Das band er insgeheim an die Pfosten seines Ehebetts. Ares und Aphrodite stiegen bei der nächsten Gelegenheit wieder zusammen ins Bett, aber als die Morgendämmerung kam, sahen sie sich im Netz gefangen, nackt und unfähig zu entfliehen. So fand sie Hephaistos und rief alle Götter zusammen. Diese eilten heran, «um sich an Aphrodites peinlicher Lage zu weiden»; allerdings kamen nur die männlichen Götter. Die Göttinnen, «von Zartgefühl geleitet, blieben zu Hause».[62]

Bevor wir die mythologische Urszene vom Sieger und der Schönsten genauer untersuchen, treten wir einen Schritt zurück und betrachten uns selbst. Wir nehmen das Bild der unfreiwilligen Gefangenschaft aus dem Mythos und fragen uns, was es uns angeht. Sind wir etwa auch Liebes-Gefangene – in Bezug auf unsere *Kinder?!*

Wir folgen bei diesem Schritt zurück, den wir zur Klärung unserer Frage unternehmen, der französischen Psychoanalytikerin und Kinderpsychologin Caroline Thompson, die uns entscheidend Neues dazu zu sagen hat. Der Titel ihres Buches *Die*

**Väter schlafen, Mütter staunen –
und die kleinen Ungeheuer haben Spaß ...**

Venus und Mars von Sandro Botticelli (1445–1519).

Tyrannei der Liebe lautet im französischen Original *La violence de l'amour*.⁶³ Die Übersetzung scheint das Wort «Gewalt» gescheut zu haben. Durch die Verwendung von «Tyrannei» wurde der Titel unglücklich in den Bereich der populistischen Rede über Kinder als «Tyrannen» gerückt. Es geht bei Thompson um die Macht der Liebe und um die Veränderungen des Eltern-Kind-Verhältnisses, durch welche die Liebes-Macht als Gewalt wirken kann.

Caroline Thompson gibt einen kurzen geschichtlichen Abriss der Entwicklung des Verhältnisses von Erwachsenen zu Kindern.⁶⁴ Sie skizziert darin, dass im Mittelalter das kleine Kind unter dem Einfluss der Lehre des Augustinus noch als «sündiges Wesen» angesehen wurde. Man erzog entsprechend: «Das Bild des unreinen Kindes hat eine repressive Erziehung zur Folge mit dem Ziel, die kindlichen Wünsche auszutreiben.»⁶⁵ Mit der Aufklärung wandelte sich diese Auffassung in ihr Gegenteil. «Jean-Jacques Rousseau rehabilitierte die Kindheit: Das Kind ist von Natur aus gut und wird durch Kultur und Erziehung verdorben. Dieser Gedanke hatte dauerhafte Wirkungen, und wir können seinen Triumph an dem regelrechten Kult um die Kindheit ablesen, den wir heute erleben.»[66]

Entscheidend für diese Wende ist, dass Kinder seit dem 19. Jahrhundert als eigenständige Personen wahrgenommen werden. Caroline Thompson folgt hier der bekannten Argumentation, die Philippe Ariès 1960 in seiner *Geschichte der Kindheit* vorgelegt hat. Erwachsene sahen nun Kinder als sich entwickelnde Individuen, nicht mehr als minderbemittelte Erwachsene. Die Kindheit wurde ein eigenständiger Raum und als solcher gestaltet. Durch die Einführung der allgemeinen Schulpflicht lebten Kinder in einer Umwelt der Gleichaltrigen statt wie zuvor – etwa als Lehrlinge – unter Älteren und Erwachsenen. Die Entdeckungen der Psychologie und der Psychoanalyse begannen das Verhältnis von Eltern und Kindern dergestalt zu problematisieren, dass «eine falsche Lesart der psychoanalytischen Theorien» weite Verbreitung fand, die die «Eltern-Kind-Beziehung für alles verantwortlich» machte, «was mit unseren Kindern nicht in Ordnung ist».[67]

Besonders bemerkenswert scheint mir die Einschätzung zu sein, die Thompson dem besonders in konservativen Kreisen oft beklagten *Verfall der Familie* entgegenstellt: «In der steigenden Zahl von Scheidungen kommt nicht etwa eine Ablehnung der Familie zum Ausdruck, sondern vielmehr ihre Idealisierung. Weil das Ideal so schwer zu erreichen und zu realisieren ist, suchen wir unaufhörlich danach und beginnen immer wieder neu. […] All jenen, die den Tod der Familie verkünden, möchten wir deshalb energisch widersprechen. Das Gegenteil ist der Fall: Der Familie geht es gut, auch wenn sich ihr Gesicht verändert hat. Das Familienoberhaupt ist heute das Kind.»[68]

Mit dieser überraschenden Diagnose stellt Thompson die zentrale Problematik heraus: «Weil wir das Kind heute als eine vollwertige Person betrachten, vergessen wir, dass es noch mitten im Aufbau seiner Persönlichkeit steckt. Wir fühlen uns nicht mehr verpflichtet, ihm die Instrumente zu geben, die ihm helfen, heranzuwachsen. Die Rolle der Eltern besteht aber darin, als Stütze und als Gerüst zu dienen, ohne die ein Gebäude nicht stehen bleibt. Das Kind kann sein Leben nicht ganz alleine erfinden, es muss sich an etwas Solidem messen.»[69] «Wir erweisen Kindern keinen Dienst, wenn wir sie nie zu etwas zwingen, unter dem Vorwand, wir wollten sie nicht einschränken.»[70]

Caroline Thompson arbeitet als Kinderpsychologin am Hôpital Pitié Salpêtrière in Paris. Dabei scheint sie gelernt zu haben, besonders die Erwachsenen in ihrer Rolle als Eltern neu zu lesen: «Während die Lebenserwartung von Männern und Frauen unaufhörlich steigt, nimmt die Haltbarkeit der Paarbeziehungen immer mehr ab. Diese Unbeständigkeit – das heißt die Tatsache, dass man eher dem Gefühl treu ist als dem Partner – verändert die Bindung an unsere Kinder tiefgreifend: Sie ist mittlerweile die einzige beständige Beziehung. Angesichts von Brüchen und Enttäuschungen wendet sich unser Bedürfnis zu lieben einem neuen Erwählten zu: dem Kind.»[71] Die Familie ist durch diese Entwicklung heute für Thompson derart auf das Kind oder die Kinder ausgerichtet, dass die alten innerfamiliären Hierarchien und Herrschaftsverhältnisse von Grund auf umgestoßen erscheinen: «Früher bildete das Elternpaar die Achse, die alles antrieb, und das Kind unterwarf sich ihrem Rhythmus. Aus dem einstigen Satelliten ist heute die Sonne geworden, der Sonnenkönig: Das Kind ist König.»[72]

Thompson sieht den Motivator des gegenwärtigen Eltern-Kind-Verhältnisses im Auftreten einer neuen seelischen Grundkraft neben Antipathie und Sympathie: der Empathie. «Empathie ist die Fähigkeit, mit einem anderen zu fühlen und zu leiden; gegenüber Kindern ist sie historisch gesehen ein relativ neues Phänomen, aber heute wird sie geradezu exzessiv und nimmt die Form der Identifikation an. Kinder bilden ihre Persönlichkeit aus, indem sie sich mit den Eltern identifizieren, das heißt indem sie bei ihnen Charakterzüge, Einstellungen und Gefühle finden, die sie sich zu eigen machen. Wenn der Erwachsene diesen Prozess umkehrt und sich so weit mit dem Kind identifiziert, dass er seine Rolle nicht mehr ausfüllen kann, behindert er das Kind in seiner Entwicklung.»[73]

Es wird deutlich, dass ich meine in der Einleitung dieses Buchs formulierten Thesen an den Einsichten von Caroline Thompson ausgerichtet habe. Wir befinden uns ihr zufolge in der ebenso grotesken wie gefährlichen Situation, dass wir uns den Kindern so nahe fühlen und uns so stark in sie einfühlen, dass wir unserer Souveränität als Erwachsene verlustig zu gehen drohen.

Was aber bedeutet es, wenn die Rolle des Familienoberhauptes vom Erwachsenen auf das Kind übergeht, *für die Kinder selbst?* Haben Kinder damit den ihnen gebührenden Platz in der Familie gefunden? Können sie sich nun endlich *frei* entwickeln? Natürlich mitnichten!

Ihre Diagnose vom «König Kind» aufgreifend, benennt Thompson den Kern des Problems wie folgt: «Das Königreich erweist sich als sehr klein, denn es beschränkt sich auf die Familie. Wenn das Kind aus diesem Kreis heraustritt, ist es nicht mehr Sonnenkönig, sondern steht nackt da wie der Kaiser in dem Märchen von Hans Christian Andersen, dem seine Höflinge schmeicheln, bis er schließlich feststellt, dass es die Kleider, die ihn schmücken sollten, gar nicht gibt. Wenn das Kind in der Welt draußen sein Selbstwertgefühl an die Realität anpassen muss, droht der narzisstische Zusammenbruch.»[74]

Wenn wir Kindern kein souveränes Gegenüber mehr bieten, berauben wir *uns* der Handlungsfähigkeit und *sie* der Möglichkeit, sich überhaupt noch zu entwickeln. Caroline Thompson bringt diese Fatalität auf den Punkt: «Dass das Kind den zentralen Platz einnimmt, sehen wir in vielen Bereichen: in der Pädagogik beispielsweise, die sich heute dem Schüler anpassen muss und ihm die Illusion gibt, er sei der Urheber dessen, was er erlebt, statt ihn in eine Geschichte einzuordnen, allem voran die Geschichte seiner Familie, aber dann auch die Geschichte seiner Zeit, seines Landes.»[75]

Auch ohne mich der Festlegung auf das Erziehungsziel «Einordnung» anzuschließen, stimme ich ihrer Diagnose zu, da sie das Problem benennt, Kinder *weltfähig* und *selbstmächtig* zu machen. Zentral erscheint mir abschließend Thompsons Einsicht: «Wenn wir dem Kind erlauben, die Maßstäbe zu setzen, bringen wir es in die Position eines Erwachsenen, der es nicht gewachsen ist. [...] Wir beobachten also eine doppelte Bewegung: Während sich der Erwachsene infantilisiert, wird das Kind adultomorph»,[76] das heißt wie ein Erwachsener betrachtet.

Ich schlage vor, diese beiden Grundprobleme, die das pädagogische Feld zur unfruchtbaren Brache werden lassen, mit den beiden absichtsvoll hässlichen Wörtern *Verkindschung* (Infantilisierung) und *Vererwachsung* (Adultomorphisierung) einzudeutschen. Verkindschung und Vererwachsung zeigen sich an folgenden Symtomen:

Eltern engagieren sich rückhaltlos im Leben ihrer Kinder, machen dieses Leben zu ihrem eigenen und verlieren jegliche Distanz. Wir erkennen im Ermangeln: Erziehung braucht *Distanz*.

Eltern identifizieren sich so sehr mit ihren Kindern, dass sie selbst *infantil* werden. Alle weitergehenden Bedürfnisse, die über das gegenwärtige Wohlergehen hinausgehen, verschwinden aus dem Blickfeld einer Erziehung, die nur noch Beziehung sein will. Indem Eltern damit den Horizont ihrer Kinder übernehmen, verursachen sie selbst die Perspektivlosigkeit ihres Nachwuchses, vor der sie so große Angst haben. Wenn Kinder sich nicht mehr an Erwachsenen orientieren können, gehen sie den primären Notwendigkeiten der Weltorientierung verlustig. Wir erkennen am Ermangeln: Erziehung braucht den markant gelebten *Rollenunterschied* zwischen Erwachsenen und Kindern.

Eltern vergessen, dass Kinder Kinder sind und laden sie mit ihren eigenen Bedürfnissen und ihrem erwachsenen Problembewusstsein auf. Zweijährige werden zur Aussprache und zur Definition ihrer Beziehung zu Dritten gezwungen – besonders gerne bei getrennten Eltern oder bei Eltern, die sich Sorgen um die Entwicklung ihres Kindes machen. Wir verstehen wieder *ex negativo:* Erziehung braucht eine *dem Entwicklungsstand der Kinder angemessene Kommunikation* und eine *sich entwickelnde, also auch eine sich grundlegend mit den Entwicklungssituationen verändernde* Beziehung.

Indem wir unsere Kinder zu sehr lieben, das eröffnen die Beobachtungen von Caroline Thompson, rauben wir ihnen die Kindheit und versäumen, ihnen die Welt zu eröffnen. In dieser verfahrenen Situation braucht Erziehung neue Motivationen. Motivationen, wie sie von mir vorgeschlagen werden, sind geistige Kräfte, die Erziehung in sich verändernden Entwicklungssituationen gestalten und ihr ein Ziel geben können. Das befehlende Vorbild hat ebenso ausgedient wie der Pädagogische Eros. Gefordert bleibt: Wir müssen Orientierung geben. Dazu allerdings müssen wir selbst orientiert sein. Und zwar in der *Welt*, nicht nur an unseren Kindern.

Wir haben nun unsere mögliche – oder vielmehr unmögliche – Liebes-Gefangenschaft als Eltern erkannt. Was hat sie mit dem blamablen Ende der Geschichte vom Stärksten und der Schönsten zu tun?

Untersuchen wir diese Geschichte nun in den Worten ihres Autors, wie Heinrich Voß sie vor über 200 Jahren erstmals ins Deutsche übertrug. Ares, so erzählt also Homer, verliebte sich in die Schönste der Schönen, in die Liebesgöttin Aphrodite, und «vermischte sich heimlich» mit ihr, «in Hephaistos prächtiger Wohnung»,[77] also im Ehebett der Aphrodite. Die Schönste der Schönen war, wir erinnern uns, seltsamerweise mit dem hinkenden Feuer- und Schmiedegott Hephaistos, einem genialen Künstler, aber vermutlich lausigen Ehemann, verheiratet. Robert von Ranke-Graves kommentiert diese Ehe so: «Die späteren Hellenen setzten das Ansehen der in Korinth, Sparta, Thespiai und Athen lange herrschenden Großen Göttin des Mittelmeeres herab, indem sie sie unter männliche Aufsicht stellten und ihre feierlichen Orgien als ehebrecherischen Leichtsinn verpönten.»[78]

Hephaistos, der «kunstberühmte» Schmied, erschuf, kaum hatte ihm Helios, der Sonnengott, den Betrug verraten, ein Werk besonderer Art: «Starke, unauflösliche Ketten, um fest und auf ewig zu binden», dabei «zart wie Spinnengewebe, die keiner zu sehen vermöchte, selbst von den unsterblichen Göttern.»[79] Dieses Werk muss dem «rachevoll» gestimmten Schmied selbst als tiefe Ironie erschienen sein: «Ketten, um auf ewig zu binden», für diejenige am «gewaltigen Amboss» zu schmieden, mit welcher ihn nicht das zarte Band der Liebe, sondern eine Kette der Demütigungen verband. Ewig an der Ehe zwischen Schönheit und Genie war – und bleibt bis heute? – nur der Ehebruch.

Hephaistos befestigte also die unsichtbaren und unlösbaren Fesseln an seinem Bett und verabschiedete sich zum Schein von seiner Frau auf eine Reise. «Ares schlummerte nicht, der Gott mit goldenen Zügeln», erzählt Homer weiter, «eilend ging er zum Haus des klugen Feuerbeherrschers, hingerissen von Liebe zu seiner schönen Gemahlin. Aphrodite war eben vom mächtigen Vater Kronion heimgekehrt und saß. Er aber ging in die Wohnung, fasste der Göttin Hand und sprach mit freundlicher Stimme: Komm, Geliebte, zu Bette, der süßen Ruhe zu pflegen! [...] Und sie bestiegen das Lager und schlummerten. Plötzlich umschlangen sie die künstlichen Bande des klugen Erfinders Hephaistos, und sie vermochten kein Glied zu bewegen oder zu heben. Aber sie bemerkten es erst, da ihnen die Flucht schon gehemmt war.»[80] In dieser misslichen Lage wendet sich Homer vom Stärksten und von der Schönsten ab. Er lässt sie zappeln und würdigt sie keines Wortes mehr. Die Pointe der Geschichte, die beiden potentesten Partner in schmachvoller Blamage enden zu lassen, ist nicht zu überbieten.

Hephaistos, der eilig zurückkehrt, ruft nun alle Götter als Zeugen ans Bett. «Aber die Göttinnen blieben vor Scham in ihren Gemächern.»[81] Apollon, Poseidon und Hermes dagegen lassen sich den Anblick nicht entgehen. «Und ein langes Gelächter erscholl bei den seligen Göttern.»[82] Zwar eroberte Ares die Schönste der Schönen, doch der Gewinn, den er – und sie mit ihm – aus der Vereinigung ziehen, ist nicht «süße Ruhe», sondern peinliche Zurschaustellung und das schallende Gelächter der anderen. Der große Kriegsgott zeigt sein zweites Gesicht: als großer *Verlierer*.

Ares und Aphrodite sind so vollständig in der Hand des betrogenen Ehemanns, dass dieser sogar die Forderungen für ihre Freilassung nur mit den anderen versammelten Göttern diskutiert. Hermes verkündet, spottend und zum erneuten Gelächter aller: «Fesselten mich auch dreimal so viel unendliche Bande, und ihr Götter sähet es an, und die Göttinnen alle, siehe, so schlief' ich doch bei der goldenen Aphrodite!»[83]

«Nur Poseidon lachte nicht mit; er wandte sich bittend zum kunstreichen Hephaistos, den Kriegsgott wieder zu lösen.»[84] Die Lösung, die nun unter Männern für den *Mann* ausgehandelt wird, besteht in nichts als der Garantie Poseidons, für Ares' Wiedergutmachung zu bürgen. Ares und Aphrodite werden freigelassen und entfliehen. Von einer Wiedergutmachung ist bei Homer dann nicht mehr die Rede. Denn Hephaistos *hatte* seine Vergeltung bereits: Diese bestand in der Schmach, die er Ares und besonders Aphrodite bereitet hatte. Das meint Ranke-Graves, wenn er schreibt, dass in der Ehe mit Hephaistos und der Affäre mit Ares die «lange herrschende Große Göttin des Mittelmeeres unter männliche Aufsicht» gestellt und «ihre feierlichen Orgien als ehebrecherischer Leichtsinn verpönt»[85] wurden.

Spiegelt das Bild der vom unsichtbaren Netz Gefangenen nicht wunderbar unsere aktuelle Lage in Erziehungsdingen, weil wir das Netz, mit dem wir unsere Kinder ebenso binden wie von ihnen gebunden sind, ja ebenfalls nicht sehen? Wer einmal Eltern mit ihren Kindern hat streiten hören, in hemmungslosem emotionalem Engagement verstrickt und sogar argumentativ unfähig, ihren Kleinsten Paroli zu bieten, weiß, wie *peinlich* die Unfähigkeit ist, in die uns die Liebes-Gefangenschaft mit unseren Kindern bringt. Wer nur Beziehung will, wird letztlich tatenlos zusehen müssen, wie er als «Netzinhalt» verhandelt wird. Er wird erleben, dass er dabei gerade an der Stelle, wo seine Sicht und seine Entscheidungen gefragt wären, jeglicher Mitbestimmung verlustig geht.

Das ist es, was uns der mythologische Bildbezug einprägen kann. Wir können beginnen, uns dafür zu schämen, wie tatenlos verstrickt wir enden, wenn wir unsere Kinder «nur lieben» wollen. Wir können unsere gegenwärtige Lage als Blamage begreifen, die, von außen betrachtet wie für die am Liebes-Netz versammelten Götter, *zum Lachen* ist. Wir können fühlen, wie wir *Verlierer* werden, wenn wir als Eltern – aber auch als Lehrer – unserer Verantwortung entkommen wollen und *einfach nur nett und in guter Beziehung* zu unseren Kindern sein wollen. Wer hilft uns aus der Liebesgefangenschaft? Ich schlage vor: Ein heutiger, ins Pädagogische gewendeter Ares.

Die Delphischen Spiele

Ein Vorschlag zur Harmonisierung von Kunst und Sport in der fünften Klasse, erstmals erprobt als dreitägiges Projekt im Schuljahr 2008/09 an der Rudolf Steiner Schule Berlin.

Wettkämpfe sind symbolische Kriege, in denen es um Sieg und Niederlage geht, aber keine Toten gibt. Die modernen Olympischen Spiele ebenso wie Weltmeisterschaften anderer Sportarten haben diese geniale soziale Erfindung der alten griechischen Kultur neu belebt. Im Gegensatz zur Demokratie als Organisationsform des politischen Feldes werden die griechisch inspirierten sportlichen Wettkämpfe unserer Zeit tatsächlich universell, über nationale und vor allem über religiöse Grenzen hinweg, ausgetragen. Im sportlichen Wettkampf steckt eine Motivation, die wir erkennen lernen sollten, um sie auch anderweitig nutzen zu können.

Idee und Vorbereitung

Die Idee zu den Delphischen Spielen entstand in meiner Vorbereitung auf die Epoche zur griechischen Geschichte in der fünften Klasse. Sie beantwortete allerdings eine Frage aus einem ganz anderen, nämlich dem Sportunterricht. Ich hatte einige Sport-Vertretungsstunden in meiner Klasse und verbrachte diese in der Turnhalle mit von den meisten heiß erwünschtem Fußballspielen. Regelmäßig schlossen sich hitzige Diskussionen über Sieg und Niederlage an diese Spiele an, dergestalt, dass die Verlierer leidenschaftlich und findig Gründe vorbrachten, warum ihre Niederlage auf unlauterem Wege zustande gekommen sei. Die Verlierer konnten ihre Niederlage nicht anerkennen. Die Sieger wiederum verschärften den Konflikt durch abschätzige Bemerkungen über die Verlierer. Einerseits wurde also die Niederlage geleugnet, andererseits konnten sich die Sieger über ihren Triumph nicht angemessen freuen. Mich begann die Frage zu beschäftigen, wie das offensichtlich starke Bedürfnis nach Konkurrenz einen angemessenen Ausdruck finden könnte.

In meiner Vorbereitung auf die Geschichtsepoche las ich über das Orakel von Delphi und entdeckte, dass dort ab 586 v. Chr. unter dem Namen *Pythische Spiele* zu Ehren des Gottes Apollon Wettspiele abgehalten wurden, welche in der klassischen Zeit die zweitwichtigsten nach den bekannten Olympischen Spielen waren. Im Unterschied zu diesen fanden in Delphi Wettkämpfe nicht nur in sportlichen (gymnastischen), sondern auch in künstlerischen (musischen) Disziplinen statt. Die Sieger in den Künsten der Rezitation, des Flötenspiels mit Gesang, dem Chorvortrag, in Tanz- und Theateraufführungen, ja sogar in der Malerei wurden gleichberechtigt neben den Sportlern mit dem delphischen Lorbeerzweig gekürt.

Ich war begeistert von diesem Sport und Kunst verbindenden Ansatz. Schon griechische Dichter der klassischen Zeit hatten sich, wie ich herausfand, über die Einseitigkeit der athletischen Leistungen in Olympia lustig gemacht. Wenn aber Sport *und* Kunst Gegenstand des Wettbewerbes sind, können sich die ganz verschiedenen Leistungen ergänzen. Hinzu kann heute das Motiv der *Fairness* treten, das es übrigens in Griechenland noch nicht gab. Insgesamt begeisterte mich die Idee eines groß angelegten echten *Wettkampfes,* der dem Konkurrenzbedürfnis der Kinder einen angemessenen Rahmen geben würde. Und in dem die *Unterschiedlichkeit* der Disziplinen die Konkurrenz in den Kontext der Unterschiedlichkeit der Fähigkeiten stellen könnte. Ich beschloss, meine Idee auf einem Elternabend vorzutragen und sie, wenn es ihr gelingen würde überzuspringen, gemeinsam mit der Sportlehrerin und den Eltern zu realisieren.

Den Eltern leuchtete der ganzheitliche, harmonisierende Aspekt meiner Idee ein. Gerade von Eltern, deren Kinder bereits Probleme mit Konkurrenzsituationen im Sport, aber auch in anderen Fächern gehabt hatten, wurde sie als guter Versuch gewertet, diese Probleme mit der Klasse über eine gemeinsame Tat anzugehen. Acht Elternteile meldeten sich, um mit mir die somit beschlossenen «Ersten Delphischen Spiele der Rudolf Steiner Schule Berlin» vorzubereiten und durchzuführen. Wir trafen uns zu einem gesonderten Elternabend, auf dem wir Gestalt und Inhalt der Spiele besprachen.

Parallel zu den Vorbereitungen mit den Eltern eröffnete ich meine Epoche zur griechischen Geschichte mit einem großen Tafelbild der heiligen Stätten von Delphi. Ich schilderte den Kindern die Pythischen Wettkämpfe in ihrer Verbindung mit dem Orakel und dem Mythos vom delphischen Apollon. Wir traten in eine Diskussion über die Wirkungen von Sieg und Niederlage ein, indem wir die Erfahrungen aus dem Sportunterricht mit dem Ideal der *Fairness* verglichen.

Die Klasse entwickelte Regeln für faires Verlieren (zum Beispiel dem Sieger gratulieren, auch wenn man über die eigene Niederlage traurig oder wütend ist) ebenso wie für faires Gewinnen (nicht über den Verlierer spotten, sondern ihn aufmuntern, keine übertriebenen Äußerungen von Triumph). Letzteres bekam deshalb besonderes Gewicht, weil die Jugendlichen aus verschiedensten Richtungen die Neigung unserer Zeit kannten, den individuellen Erfolg gerade im Wettkampf, in Spielshows im Fernsehen et cetera besonders hervorzukehren.

Proben und Training – Zeitlicher Rahmen und Rhythmus
Eine Besonderheit unserer Spiele bestand darin, dass sie nicht nur im Abhalten des Wettkampfes bestanden, sondern auch in den Proben und dem Training zu diesem. Es gab drei künstlerische Disziplinen – Theater, Malen und griechischen Tanz.

Die Maler arbeiteten in Gruppen an einem großen Bild, das fertig werden musste. Wir hatten drei Tage für unsere Spiele angesetzt, an denen wir jeweils von acht Uhr morgens bis halb zwei auf dem Trainingsgelände eines Sportvereins die verschiedenen Aktivitäten kultivierten.

Die beiden ersten Tage waren die Übungstage, der dritte der Wettkampftag. Jeder Tag hatte einen Rhythmus, bei dem sich sportliche und künstlerische Tätigkeiten abwechselten. So konnten sich die Kinder in die Harmonisierung durch die verschiedenen Übungen einschwingen. Jeder Tag hatte drei Aktivitäts-Blöcke. Am ersten Tag begannen wir mit Sport, dann folgten Kunst und wieder Sport. Am zweiten Tag begannen wir künstlerisch, es folgte Sport und noch einmal Kunst. Die Kinder hatten sich für eine künstlerische Disziplin (Theater, Malerei, Tanz) und für zwei sportliche Disziplinen zu entscheiden (Speerwurf, Weitsprung, Diskuswurf, Ringen), in denen sie besonders üben wollten. Das Laufen (Sprint und Staffel) bildete das verbindende Element und wurde von allen trainiert.

Der erste Tag
8.00 Uhr – gemeinsamer Beginn: In der Frische des herrlichen Sommermorgens vom 31. Juni 2009 sammelten wir uns im Leichtathletikstadion des Zehlendorfer Turn- und Sportvereins, das uns kostenlos für drei Tage überlassen worden war. Mit uns

im großen Kreis standen sieben Eltern, die sich, sportbegeistert, bereitgefunden hatten, die Übungen in den Disziplinen mit mir anzuleiten. Unsere Sportlehrerin hatte mich und die Eltern in alles so eingewiesen, wie die Klasse es im Sportunterricht zu trainieren begonnen hatte.

Wir sprachen als gemeinsamen Morgenhymnus einen Chor aus der Tragödie *Antigone* von Sophokles (uraufgeführt 442 oder 443 v. Chr. in Athen). «Ungeheuer ist viel, doch nichts / Ist ungeheurer als der Mensch.» In plastischen Bildern werden die bewunderungswürdigen Fähigkeiten des Wesens Mensch – Erfindungsreichtum, Mut, Begabung zu Sprache und Gedanken, moralisches Handeln – gepriesen. Scharf verurteilt der Chor sodann die aus diesen Begabungen resultierenden Gefährdungen, vor allem das Handeln gegen die Regeln der Gemeinschaft. «Wer seines Landes Gesetze / Ehrt und die Schwüre der Götter / Den rühmen wir gerne im Staat. / Doch nichtig ist, wer sich dem Unrecht / Gesellt hat zur frevelnden Tat. / Nie sitze am Feuer / Noch sonst im Bunde mit mir / Wer so handelt.»

8.15 bis 9.45 Uhr – Erste gymnastische Trainingseinheit in Gruppen: Nach der gemeinsamen Chorarbeit verteilten sich die Kinder in ihre Trainingsgruppen und machten sich daran, noch leicht verwundert über das sich so komplex entfaltende Geschehen, sich aufzuwärmen. Sie übten den Startvorgang für den Sprint oder erprobten die Grundregeln des Ringens. Sie verliehen dem Diskus eine seinen Flug stabilisierende Drehung und warfen den Speer nicht nur ehrgeizig weit, sondern auch im schönen Bogenflug, da das Stecken-Bleiben des Speers vorgegebenes Ziel war.

Hocherfreut wurden die Aschenbahn und die große Weitsprunggrube angenommen. Man übte Anlauf und Absprung. Eine starke Motivation war hier das Ausmessen der gesprungenen Weiten. Die Freude daran, sich selbst zu überbieten, trat bei allen zutage. Und natürlich auch die Freude am Vergleich mit

Herrlich wilde Kerle und artistisch ausbalancierte Schnellkraft – Wettbewerb im Ringen (oben) und im Weitsprung (unten).

den anderen. Das seelische Übungsfeld des Besser- und Schlechter-Seins tat sich auf. Da wir die Regeln der Fairness besprochen hatten, wurde es sportlich-humorvoll, wenn auch äußerst engagiert betreten.

Erfahrungen beim Training für das Ringen oder:
Kleiner Exkurs über «Kerle» und Ehrgeiz
Ich leitete das Training für das Ringen. Wir übten im griechisch-römischen Stil (Griffe nur von der Hüfte bis zum Kopf). Nach einer Einweisung in die erlaubten und in einige klassische Griffe trainierten wir sofort im Kampf. Erst einmal ging es jeder gegen jeden, um Kraft und Geschicklichkeit der Einzelnen kennenzulernen. Jeder Kampf begann und endete mit einem Handschlag. Am Ende wurde dem Sieger gratuliert, der sich zu bedanken hatte. Die Kampfzeit betrug 1 ½ Minuten.

Da man Ringen, wenn man wirklich gewinnen will, nicht mit halber Kraft betreiben kann, ergab sich schon aus den ersten Übungskämpfen eine erstaunliche Erkenntnis: Die 1 ½ Minuten Kampf waren so überaus anstrengend, dass Sieg oder Niederlage minder ins Gewicht fielen gegenüber der Verschnaufpause, die das Kampf-Ende den Kontrahenten bot. Sicherlich hätten die Elf- bis Zwölfjährigen, zum Teil gut trainierte Jugendliche, in Raufereien auf dem Schulhof oder anderswo stundenlang kämpfen können. Aber hier, im durch knappe, klare Regeln gestalteten Eins-gegen-Eins, verausgabten sie sich schon in dieser kurzen Zeit total. Der endlich einmal erlaubte, gar beklatschte Ehrgeiz lebte sich derart unbändig aus, dass am Ende mehr Erschöpfung als Triumph oder Niedergeschlagenheit blieb.

Die Jungen genossen die intensive körperliche Auseinandersetzung sehr. Das war mir nicht neu, auch wenn ich mich darüber im Vergleich mit meiner eigenen Schulzeit nach wie vor wundere. Durch alle Klassenstufen raufen sich die Jungs und haben ein nicht enden wollendes Vergnügen daran. Sind Jungs heute *physischer?* Jedenfalls sind sie unbefangener und spielerischer! Das «ewige» Balgen der Jungs von Klasse 1 bis 13 kann man auch mal so anschauen: Was für unverklemmte, herrlich offensive Kerle!

Beim Training zum Ringen durften die Jungen nun nicht nur, sie *mussten* kämpfen. Und sie wollten und *durften* gewinnen. Erhellend war für mich, dass der bejahte Ehrgeiz zu totaler Verausgabung führte und die übersteigerten, «unsozialen» Formen des Ehrgeizes, das Nicht-Gewinnen- und Nicht-Verlieren-Können, das ich im Sportunterricht beobachtet hatte, ablöste. Fairness jedenfalls kann nur unter den Bedingungen echter Konkurrenz wirklich erfahren und gelebt werden, denn sie tritt im von echter Konkurrenz «bereinigten» Wettkampf als Bedürfnis gar nicht erst auf. Der gelebte Konkurrenzkampf dagegen befreit, durch Regeln gestaltet, den, der ihn ausleben darf. Er befreit vom «Hässlichen» der gestauten Ambition!

9.15 bis 10.15 Uhr – Pause

10.15 bis 11.45 Uhr – Erste künstlerische Übungseinheit: Die Kriterien für die Bewertung der einzelnen Leistungen hatte ich mit den Eltern vorbesprochen und in der Klasse dargestellt und diskutiert.

Tanz
Fünf Mädchen – und zwei Jungen! – hatten sich zur Tanzgruppe gemeldet. Es sollte der berühmte Sirtaki-Tanz einstudiert werden. Zwar ist der Sirtaki für das klassische Griechenland nicht verbürgt, er ist vielmehr ein Kunsttanz, der für den bekannten Film *Alexis Sorbas* choreografiert wurde. Er geht aber in seinen Elementen auf den Syrtos, einen weit verbreiteten griechischen Volkstanz, zurück und besticht durch seine ergreifende Musik.

Der Sirtaki gibt ein temperamentvolles Zeugnis von dem Stolz und dem harmonischen Schwung, die wir gerne als griechische

Charaktereigenschaften herausstellen wollten. Somit spielte die Frage, inwieweit wir hier «echt antik» sind, keine ernst zu nehmende Rolle. Allein schon der Vorgang, dass das Element Tanz bei den Delphischen Spielen geübt werden konnte, erschien den Kindern erfreulich; und die überraschende gemischte Gruppenzusammensetzung verlieh der Sache noch besondere Spannung. Die Kriterien für die Tanzaufführung sollten *Kreativität, Ausstrahlung* und *Rhythmusgefühl* sein. Mit viel Amüsement und bemerkenswertem Ehrgeiz machte sich die Truppe ans Einstudieren, das durch drei Eltern angeleitet wurde.

Malen
Für das Malen hatte ich den drei Gruppen von drei bis vier Malern die Aufgabe gestellt, ein besonders großes Landschaftsbild, Griechenland mit seinen Besonderheiten zeigend, zu gestalten. Dafür wurde nun Tapete auf drei Biergartentische aufgezogen – so groß wurden auch die Bilder. Gemalt wurde mit weißer Wandfarbe und den entsprechenden Abtönfarben. Das ermöglichte den Malern, auf Papptellern eine eigene Palette anzumischen.

Für das Malen wurden die Kriterien *Vielfältigkeit der dargestellten Details, Ausgewogenheit zwischen Natur (Meer, Berge, Himmel, Flüsse) und von den Menschen geschaffenen Dingen (Häuser, Tempel, Schiffe, Häfen, Felder et cetera)* und *Harmonie in der Farbgebung* aufgestellt. Diese hatte ich noch in der Klasse mit den Malern besprochen.

Die Malgruppen hatten erklärt, eigenständig – ohne weitere Anleitung – arbeiten zu wollen. Ich beobachtete einen großen Eifer beim Malen und ganz unterschiedliche Prozesse der Zusammenarbeit in jeder Gruppe (besondere Akzeptanz zwischen Jungen und Mädchen). Der Gedanke des Wettbewerbs führte dazu, dass von Anfang an spannend war, was die anderen malten, wie weit sie waren, wie man das Bild der anderen fand. Schnell bildete sich bei zwei Gruppen die Überzeugung heraus, das «beste» Bild zu haben. Eine Gruppe, die Mühe in der Motivfindung hatte, diskutierte intensiv und kam dadurch in diesem ersten Arbeitsblock in klaren Rückstand. Beim Vergleich mit den Bildern der anderen Gruppen wurde ihr das bewusst. Das entstehende Bild der «uneinigen» Gruppe drohte in Einzelarbeiten zu zerfallen. Die Diskussionen verschärften sich bis zum Streit. Trotzdem suchte die Gruppe keine Hilfe bei mir und wollte ihre Probleme selbstständig lösen.

Theater
Zur Theaterarbeit hatten sich sechzehn Kinder gemeldet. Mit diesen probte ich eine Szene aus der *Antigone* von Sophokles. Es gab vier Rollen, sodass wir bei sechzehn Kindern zu vier Arbeitsgruppen kamen, die dann im Wettkampf gegeneinander antreten konnten.

Antigone, die thebanische Königstochter, wurde von einem Wächter verhaftet, weil sie ihren toten Bruder Polyneikes gegen das Gebot ihres Onkels Kreon, der seit Kurzem über die Stadt herrscht, begraben hatte. Nun wird sie von diesem Wächter vor den Königspalast von Theben geführt, wo Kreon sie zur Rede stellt. Antigone gesteht die verbotene Tat nicht nur, sie beschuldigt Kreon selbst, mit seinem Gebot Unrecht begangen zu haben. «Aus Furcht vor eines Menschen Willen wollt' ich mich an den Gesetzen, die die Götter gaben, nicht vergehn.» Die Szene zeigt also eine mutige Königstochter, die nach ihrem Gewissen handelt und sich durch die Gebote äußerer Macht nicht von ihrer inneren Stimme abbringen lässt.

Wir hatten in den letzten Tagen vor den Spielen Gipsmasken hergestellt und bemalt. Ich demonstrierte den Akteuren zum Einstieg, wie man mit einer Maske Theater spielt – so nämlich, dass der Körper durch seine Bewegungen spricht, weil die Sprache des Gesichts – die Mimik, wie wir seit der griechischen Antike sagen – wegfällt. Ich verteilte nun szenische Arbeitsaufgaben und ließ die Gruppen dann eigenständig proben. Sie taten es mit großer Begeisterung. Nach einiger Zeit ging ich von Gruppe

Theater geht auch in Turnschuhen: Kreon verfolgt Antigone (oben).

Heilige Inseln – Präsentation eines Griechenlandbildes der Arbeitsgruppe Malen (unten).

zu Gruppe, ließ mir vorspielen, half dann etwas mit und stellte neue Arbeitsaufgaben.

11.45 bis 12.15 Uhr – Pause

12.15 bis 13.30 Uhr – Zweite gymnastische Übungseinheit: Wiederum wurde gruppenweise in den gewählten Disziplinen trainiert.

13.30 Uhr – Ende des ersten Tages: Die Kinder hatten sich merklich ausgepowert und gingen fröhlich und begeistert nach Hause.

Zweiter Tag
Am zweiten Tag behielten wir den Übungsrhythmus des Vortags bei, außer dass wir mit einer künstlerischen Einheit anfingen und endeten. Somit gab es nur eine gymnastische Einheit, was klug war, denn die Kinder hatten am ersten Tag so engagiert trainiert, dass sie morgens doch mit etwas müderen Gliedern (aber ohne Muskelkater, wie sie beteuerten) ankamen.

Dritter Tag – Wettkampftag
Auch an diesem Tag trafen wir uns zu den nun bereits gewohnten Zeiten. Nach dem gemeinsamen Beginn fanden in der ersten Einheit die vier Theateraufführungen statt. Alle Eltern waren eingeladen, zuzuschauen und die Bewertungen abzugeben, aus denen die Sieger hervorgingen. Dazu hatte ich Listen mit den Kriterien, die unser Üben bestimmt hatten, vorbereitet.

Zu Beginn jedes Wettkampfes rief ich diese allen noch einmal ins Bewusstsein. Ich selbst stellte meine Stimme gleichberechtigt in den Kanon. Die Kinder hatten sich übrigens vor den Spielen für eine Bewertung durch die Eltern und nicht etwa durch die Klasse ausgesprochen. Die Ergebnisse der Bewertungen wurden in der Pause gesichtet, aber noch nicht «verraten», weil dies erst unmittelbar vor der Siegerehrung am Ende der Spiele geschehen sollte.

In der zweiten Einheit präsentierten die Malgruppen ihre Bilder und stellten ihren Arbeitsprozess dar. Dies geschah mit großer Heiterkeit, da die Gruppen offen davon berichteten, dass sie schon während des Malens sich gegenseitig beobachtet hatten und jeweils zu dem Ergebnis gekommen waren, dass ihr Bild das beste sei. Wieder gaben die Eltern auf den vorbereiteten Kriterien-Listen ihre Bewertungen ab.

Nach einer etwas verkürzten Pause begannen die sportlichen Wettkämpfe. Zuerst fanden parallel das Ringen und das Diskuswerfen statt. Hier hatten wir uns im Vorfeld für einen Einzelwettbewerb entschieden. Beim Diskuswerfen zählte der beste aus drei Versuchen von Jungen und Mädchen getrennt. Beim Ringen, für das sich nur Jungs gemeldet hatten, hatte ich zwei «Gewichtsklassen» eingeteilt, die unter sich jeweils einen Sieger ermittelten. Die Kämpfe wurden mit äußerstem Einsatz, aber völlig fair geführt. Da hier erstmals sofort ein Sieger offenkundig wurde, flossen erste Tränen. Ich erinnerte daran, dass es uns darum ging, fair gewinnen *und* verlieren zu lernen. Die Sieger zeigten keinen unangemessenen Jubel, sondern trösteten die Verlierer.

Weitsprung und Speerwerfen wurden nun als Gruppenwettkämpfe ausgetragen. Ich hatte mit den Eltern am Vorabend versucht, fair zusammengestellte Gruppen von je vier Kindern zu bilden. Da die Ergebnisse dieser Kämpfe ebenfalls erst errechnet werden mussten, gab es auch hier kein unmittelbares Erleben eines Sieges. Rückblickend würde ich allerdings eine solche immer irgendwie fragwürdige Gruppeneinteilung nicht noch einmal vornehmen, sondern auch diese Wettbewerbe als Einzelkämpfe austragen, natürlich in Jungen und Mädchen getrennt, dafür aber, wie bei den Olympischen Spielen, mit Gold-, Silber- und Bronzemedaille.

Den Abschluss und Höhepunkt der Spiele bildeten der Hundertmeterlauf (als Einzelwettkampf ausgetragen) und der Staffellauf, für den wir in das große Stadion wechselten. Es war ein begeisterndes und zugleich anrührendes Schauspiel, die Schüler in einer solchen Kulisse sportlich miteinander in Aktion zu erleben. Der feierliche Charakter der antiken Idee, Wettkämpfe als große *Fest-Spiele* auszutragen, wurde spürbar.

Die Siegerehrung fand so statt, dass alle eine Ehrenurkunde für die Teilnahme an den Spielen erhielten. Jede Siegerin und jeder Sieger erhielten dann ein Armbändchen in nach Disziplinen verschiedenen Farben. Der bescheidene Stolz der Gewinner war so schön wie die faire Annahme des Verlierens bei allen anderen. Die Entscheidungen der Eltern in den künstlerischen Disziplinen wurden allerdings stark diskutiert.

Rückblick
Rückblickend wurden die Delphischen Spiele von Eltern und Kindern sehr positiv bewertet. Da es in der Elternschaft eine Diskussion über Ausgrenzung gegeben hatte, war es für mich besonders befriedigend, gerade von darüber klagenden Eltern zu hören, dass der Wettkampfcharakter und die gleichwertige Verbindung von Kunst und Sport Probleme dieser Art nicht hatte auftreten lassen. Die Schüler zeigten sich begeistert davon, «wie sportlich die Klasse sei», und erstaunt darüber, was man in drei Tagen erreichen kann, wenn man sich wirklich anstrengt.

Mein eigenes Resümee fiel dergestalt aus, dass ich verwundert feststellte, noch nie in einem Projekt so viele Einzelheiten mit den Eltern und mit der Klasse konkret abgesprochen zu haben. Von der zeitlichen Einteilung bis zu den Disziplinen, von den Bewertungskriterien bis zu den Fragen, die der einzelne Schüler an die Herausforderungen hatte, die sich beim Weitsprung, beim Ringen oder beim Sirtaki-Tanz stellen würden. Ganz zu schweigen von der zentralen Auseinandersetzung über faires Gewinnen und Verlieren und der Erprobung und Überprüfung in der Praxis.

Wir hatten hunderte Aspekte gemeinsam beleuchtet und stets Absprachen getroffen, Regeln aufgestellt, die alle nur benötigt wurden, um dem einmaligen Ereignis der Spiele eine soziale Gestalt zu geben. Diese sozial-kreative Entfaltung war besonders dem Umstand geschuldet, dass wir die Delphischen Spiele ganz und gar neu erfunden hatten.

Es ist nicht mein Anliegen, hier unsere kleinteiligen Absprachen und Regeln im Einzelfall darzustellen – etwa die mit den Eltern-Trainern intensiv diskutierten Entscheidungen darüber, welches wie «stark» eingeschätzte Kind welchen Gruppen zugehören und welchen individuellen Trainingsgang es nehmen würde. Mir geht es darum, den mich im Rückblick selbst erstaunenden Fakt herauszustellen, dass wir bei unserem sozialen Erfinden ein äußerst engmaschiges *Netz* geknüpft hatten. Allerdings kein unbewusstes Liebes-Netz wie das zuvor beschriebene, sondern ein höchst nüchtern-bewusst hergestelltes Netz von Absprachen. Gerade die Motivation, einen echten Wettkampf auszutragen – mit Gewinnern und Verlierern, mit der bewussten Definition von Bewertungskriterien –, hatte uns zu einer Fülle von Vereinbarungen über gerechte, ungerechte und individuell angemessene Vorgehensweisen inspiriert.

Der Wettkampf war zum *Sozialbildner* geworden. Vielleicht auch deshalb, weil jede Partei ihren Schützlingen die Chancen wahren wollte. Das soziale Netz der Vereinbarungen ging für mich leitbildhaft aus diesem Wettkampf-Erlebnis hervor. Dass das Ausleben von mühsam erarbeiteten Regeln dann sogar *Spaß* gemacht hatte, darf ich als vermutetes, aber deswegen nicht weniger erfreuliches Ergebnis des Wettkampf-Charakters augenzwinkernd verwundert an den Schluss meines Berichtes stellen.

Achter Ausflug in den Hintergrund: Wer ist der geächtete Ares?

Was unter dem Stichwort *Ares* in Rede stehen soll, ist unser Verhältnis zum Komplex der kriegerisch-konkurrenzhaften, aggressiv-triumphalen und heroisch-selbstlosen Gefühle. Zu fragen ist nach ihrer Bewertung und nach ihrer Bedeutung in der pädagogischen Praxis.

Meine Ausgangsthese lautet: Jegliche Art von aggressivem Verhalten wird heute als defizitär betrachtet und das Problem wird beim «Aggressor» gesucht und «gefunden». Ares, der Kriegsgott, ist durch und durch geächtet. Kämpfen darf man heute – außerhalb des Sports – «moralisch korrekt» nur noch gegen Krankheiten oder Terroristen – und selbst da werden die Methoden immer fragwürdiger. Bei dieser Lage in punkto Kämpfen geht ein entscheidender Motivator für unsere Entwicklung verloren. Wie wir am Beispiel des eingangs untersuchten Kampfes der drei Jungen ebenso wie an jenem des Ringkampfs bei den Delphischen Spielen sehen können, bietet kämpferisches Verhalten eine Schulung des Gerechtigkeitsempfindens.

Siege und Niederlagen sind unumgängliche Erlebnisse im Werdegang unserer Persönlichkeit. Wie organisieren wir sie? Warum *kämpfen* wir um etwas? Was motiviert uns zu Gedanken, Empfindungen und schließlich Handlungen, die wir in der Ausübung und in ihrer Wirkung nur noch als *destruktiv* betrachten können? Friedrich Schiller hat dazu eine ebenso bemerkenswerte wie wenig bedachte Einsicht gehabt:

Die Worte des Wahns
Drei Worte hört man, bedeutungsschwer,
Im Munde der Guten und Besten.
Sie schallen vergeblich, ihr Klang ist leer,
Sie können nicht helfen und trösten.
Verscherzt ist dem Menschen des Lebens Frucht,
Solang er die Schatten zu haschen sucht.

Solang er glaubt an die Goldene Zeit,
Wo das Rechte, das Gute wird siegen, –
Das Rechte, das Gute führt ewig Streit,
Nie wird der Feind ihm erliegen [...]

Nach Schiller ist es also nicht das Aggressive oder gar das *Böse*, das zu Felde zieht, sondern «das Rechte, das Gute», das «ewig Streit» führt. Tatsächlich ist das *Sich-im-Recht-Fühlen* die Streit-Motivation Nummer eins. Schiller verbindet das Streit führende Gute und Rechte mit dem Glauben an «die Goldene Zeit», dem Traum von einem posthistorischen Zustand also, in dem die Notwendigkeit einer weiteren Entwicklung nicht mehr gegeben wäre. Was würde im Goldenen Zeitalter erreicht sein? Natürlich Frieden auf Erden, Einklang und finale Harmonie der Geister, Gemüter, Gruppierungen. Hoffen wir sehr, dass dies nie eintreten wird – die Öde wäre tödlich. Und erkennen wir, dass Entwicklung und Streit Geschwister sind, die uns unser Werden verbürgen.

Für den Gang der Verhandlung um Ares halten wir fest, dass wir streiten, *weil wir uns im Recht fühlen*. Einen anderen Grund für Streit, so behaupte ich mit Schiller, gibt es nicht. Was auch immer an Streitanlässen und «Provokationen durch den oder die anderen» angegeben wird, ist nur vorgeschoben. Wir wählen den Weg des Streits, weil wir uns im Recht fühlen. Unsere *Rechthaberei* führt uns ohne Umwege zum Streit. Wenn wir dabei – als bei einem uralt eingefahrenen Mechanismus – nicht auf ewig bleiben wollen, sondern das Kämpfen als Sozialbildner und Möglichkeit von persönlichkeitsentwickelnder Gerechtigkeitserfahrung neu greifen wollen, müssen wir jetzt unser Denken einschalten.

Wir denken also Streit und werden uns bewusst, dass wir selbst ihn wollen. *Wir selbst* graben das Kriegsbeil aus, sonst niemand. Was tun wir, wenn wir streiten?

Um an das Potenzial des vielleicht auch entwicklungsmäßig, wenn nicht sogar *pädagogisch* notwendigen Streitens heranzukommen, werden wir den Versuch unternehmen, Ares zu erkennen. Wir werden versuchen, die Charakteristik des Ares daraus abzulesen, wie die Griechen ihn sahen. Befragen wir seine antiken Zuschreibungen und sehen wir, was sie uns heute sagen können. Der *Homerische Hymnus an Ares* beschwört und beschreibt den Kriegsgott mit folgenden Worten:

> Ares, du übergewalt'ger, du Wagenstreiter im Goldhelm,
> Stolzer, gerüstet in Erz mit dem Schilde, Beschützer der Städte,
> speergewaltiger Hort des Olymp, unermüdlich und handstark,
> Beistand der Themis, du Vater der glücklich kämpfenden Nike,
> Zwingherr widriger Mächte, du Führer gerechtester Männer,
> König des männlichen Muts, du Schwinger des flammenden Rades
> unter des Äthers Gestirnen, den siebenbahnigen, wo dich
> immer in drittem Kreis wild feurige Rosse dahinziehn:
> höre mich, Helfer der Menschen, du Spender blühender Jugend,
> strahle aus der Höhe dein mildes Leuchten auf unser
> Dasein und deine Kraft, die kriegerische, auf dass ich
> von meinem Haupte vermöge zu scheuchen bittere Feigheit,
> zu beugen dem Geist der Seele trügende Triebe,
> zu behaupten im Herzen die Schärfe des Mutes, der stachelnd
> stürzen mich heißt in die grausige Schlacht. O Seliger, schenke
> Gläubigen Mut, zu weilen in sanften Sitten des Friedens,
> feindlicher Wut zu entgehn und den zwingenden Losen des Todes.[86]

Der «Zwingherr widriger Mächte» wird um zwei geistige und zwei herzmäßige, also seelische Befähigungen angefleht. Seine *Kraft, die kriegerische,* soll erstens *von meinem Haupt verscheuchen* die *bittere Feigheit.* Zweitens soll sie *dem Geist der Seele trü-*

gende Triebe beugen. Im Herzen soll die kriegerische Kraft sodann die *Schärfe des Mutes* hervorbringen, *der stachelnd mich stürzen heißt in die grausige Schlacht*. Und weiter soll unser Mut nicht nur geschärft, sondern *gläubig* werden, um *feindlicher Wut zu entgehen und den zwingenden Losen des Todes*. Wem Ares den *gläubigen Mut geschenkt hat, der darf weilen in sanften Sitten des Friedens*.

Die *erste* Bitte bezieht sich also auf etwas Erkenntnismäßiges, um eine *Haupt*-Angelegenheit: *Auf dass ich von meinem Haupte vermöge zu scheuchen bittere Feigheit*. Feigheit rät uns stets zum vermeintlich konfliktärmeren Weg. Sie bezieht ihre Berechtigung aus dem «menschlicheren» Vorgehen, das, des Zieles ungeachtet, vor allem Verletzungen vermeiden will. So weit, so nett. Aber: Wer frei von dieser Feigheit zu sein wünscht, der ist bereit, sein Ziel auch gegen Widerstände zu verfolgen. Er möchte sein Ziel so sehr erreichen, dass er bereit ist, angesichts der zu erwartenden Widerstände bei sich selbst *bittere Feigheit* festzustellen. *Kriegerischer Kraft* bedürfen wir also zunächst als Fähigkeit, der eigenen Feigheit ins Gesicht zu schauen. Und um ihre Überwindung zu bitten! Die so gefasste *Anerkennung der eigenen Feigheit* wäre damit die erste, von mir eine geistig genannte Befähigung durch Ares.

Dem Geist der Seele trügende Triebe zu beugen soll die zweite Aufgabe sein. Mit der Anerkennung der Feigheit allein ist dies nicht zu leisten. Haben wir unsere Feigheit angenommen, geht es nun um die *Beugung* der Triebe. Dabei verspüren wir einen Widerstand. Stellt Triebunterdrückung einen chancenreichen Versuch dar, wenn wir bedenken, dass mit Trieben hier eindeutig nichts Niedriges angesprochen wird, sondern *Trügerisches?* Trügerisch erscheinen Triebe konkret dort, wo sie uns um das betrügen, was wir erreichen würden, wenn wir sie *beugten*.

Wie aber *beugt* man Triebe? Durch *Geist*, antwortet der Hymnus: *Auf dass ich vermöge zu beugen dem Geist der Seele trügende Triebe*. Mein Wunsch, etwas zu erreichen, beugt sich dem Geist, wenn ich mich frage, *warum* ich es erreichen will. Die erst einmal trieblose, vom intentionalen Antrieb freie Selbstbefragung des Geistes steht hinter dieser Bitte an Ares: Möge ich in der Lage sein, mich erst zu fragen, warum ich will, was ich will, wenn ich will! Vergewissere ich mich *denkend,* welches Ziel mein Ziel hat! Es erscheint als ratsam, gut zu überlegen, worauf ich das hohe Maß an Mut, das bereits darin bestand, meine Feigheit offenzulegen, anwenden will.

So betrachtet wird auch erkennbar, dass hier nicht nur mentale Kriegsvorbereitung betrieben wird. Die Griechen werden im «Kriegsgeist» die Unterdrückung friedlich-passiver Energien erfleht haben, um sich ganz konkret zum blutigen Waffengang aufzustacheln. Wir hätten aber von den Griechen nichts gelernt, blieben wir bei dieser Betrachtungsweise stehen. Der aretische Schatz, also das, was unter dem «Kriegsgeist» alias der Aggression verborgen liegt, kann nur gehoben werden, wenn wir die innere *Technik,* mit der die Griechen gearbeitet haben, von ihren ursprünglichen Zielen lösen. Und ihren Wert auf anderen Feldern als denen des Krieges zu überprüfen lernen.

Die vom eigenen Antrieb radikal abgetrennte Hinterfragung des Ziels, die Betrachtung des eigenen Handeln-Wollens aus der *Adlerperspektive des Unbeteiligten* wäre damit die zweite geistige Kraft, auf die uns der Homerische Hymnus hinweist. Eine Entsprechung dieser Haltung finden wir in der umgangssprachlichen Formulierung, man solle in einer explosiven Situation einen «kühlen Kopf bewahren». Ich meine, dass diese beiden Aspekte – Adlerperspektive und Anerkennung der eigenen Feigheit – *geistig* genannt werden können, weil sie die innere Technik oder mentale Vorbereitung darauf beschreiben, wie wirklich mutig, nicht nur mutwillig gehandelt werden kann.

Womit wir bei den sogenannten «Herzensangelegenheiten» wären. Was erbittet der Hymnus für unsere Herzen? Erstens *zu behaupten im Herzen die Schärfe des Mutes, der stachelnd stürzen mich heißt in die grausige Schlacht.* Schon indem die Schlacht als grausig beschrieben wird, verlassen wir den Bereich der reinen

Kriegsverherrlichung. Das als Adlerperspektive und Anerkennung der eigenen Feigheit Gefundene gilt es nun zu beherzigen und mit der *Schärfe des Mutes* auch unter *grausigen* Umständen zu verfolgen. Dazu müssen wir uns schon ein wenig *anstacheln!*

Wirklicher Mut kennt, was er wagt, und weiß, dass er sich seine Motive bewahren muss. Wie leicht schwenken wir, wenn es *grausig* wird, vom eingeschlagenen Weg ab und ertragen lieber die *bittere Feigheit!* Wie gerne wollen wir überall Anerkennung haben, auch dort noch, wo es darum geht, unsere Ziele gegen Widerstände durchzusetzen. Geschärfter Mut, so sagt es die erste *Herzensbitte* an Ares, wird uns durch die *grausige Schlacht* tragen müssen, Unerschrockenheit vor dem Schrecken der anderen, den unser Mut hervorruft, *Schärfe* gegen uns selbst, die wir lieber Frieden haben als unser Ziel erreichen zu wollen.

Mut zur Konfrontation nennt das die Psychologie. Konfrontation besteht nicht im bloßen Draufgängertum. Sie entsteht nicht aus Mutwilligkeit, die mich aus reiner Rechthaberei, die mich im Schiller'schen Sinne für *das Rechte, das Gute* zu Felde ziehen lässt. Konfrontation bedarf der Technik des Ares, deren erste drei Schritte wir hier kennengelernt haben und die wir in dieser Form wohl als «Motivations-Kunst» ansprechen dürfen.

Die zweite Herzensbitte erfleht, die Technik des Ares abschließend, nun etwas gänzlich Unerwartetes, nämlich *Frieden! O Seliger, schenke Gläubigen Mut, zu weilen in sanften Sitten des Friedens, feindlicher Wut zu entgehn und den zwingenden Losen des Todes.*

Hier erleben wir die erstaunlichste Wendung, die der Homerische Hymnus nimmt. Ein Kriegsgott, von dem die Fähigkeit erbeten wird, *in sanften Sitten des Friedens zu weilen?* Was brauchen wir dazu von Ares? *Gläubigen Mut!* Der zuvor in seinen verschärfenden, aufstachelnden Qualitäten beschworene Mut bekommt eine ganz neue Wendung, wenn er jetzt plötzlich nicht mehr nur der Konfrontation dienen soll. *Gläubig* muss er, dem Hymnus folgend, werden, wenn er der *feindlichen Wut* entgehen will und den *zwingenden Losen des Todes.*

Wut entfacht nur Weltbrand –
oder macht ein Schlangenhelm auch erkenntnisfähig?

Mars von Hans Thoma (1839–1924).

Auch ohne das der Übersetzung geschuldete Adjektiv *gläubig* überzubewerten, können wir an den neuen, Frieden schaffenden Motiven ablesen, dass Mut nicht nur zur konfrontativen Aufstachelung nötig ist. Joseph O. Plassmann übersetzt dieselbe Stelle mit: «Du aber, Seliger, gib Mut, / Leidlose Sitten des Friedens zu pflegen.»[87] Auch *leidlose* oder *sanfte Sitten* brauchen Mut! Sie werden möglich, wenn der Mut sich nicht in *Wut* verwandelt oder wenn er diese nicht hervorruft. Wenn mein Wille mir nicht wütende Feinde schafft, wenn Auseinandersetzung nicht in die «tödliche» Kategorie verfallen soll, muss der Mut scheinbar mutfremde Motive in sich aufnehmen und *gläubig*, *sanft* und *leidlos* werden. Wie das?

Über die Fähigkeit hinaus, eigene Ziele auch gegen Widerstände mit der *Schärfe* zu verfolgen, die wir gemeinhin als Mut kennen, soll das umfassend von Ares motivierte Herz sich dahin erweitern, *sanfte, leidlose Sitten* zu gestalten – also: Erst wenn wir uns, nachdem wir uns aufgestachelt haben, auch *wieder besänftigen* können, beherrschen wir die Technik des Ares *ganz!* Spätestens an diesem Punkt wird deutlich, warum das Wort Konfrontations*kunst* angemessen sein könnte. Rückbesänftigung statt agonal-aretisch verblutendem Wutrausch, das ist, als Empfehlung von einem Kriegsgott, wirklich ein neuer Aspekt. Nach der Eskalation den Weg zurück zum Frieden zu finden: Das erst macht die Konfrontationstechnik zur Kampfkunst.

Nehme deine eigene Feigheit an und erkenne in ihr die Widerstände, die du überwinden musst. Gehe nicht in die Konfrontation, bevor du deine Ziele überprüft hast. Habe den Mut, Widerstände, innere wie äußere, zu brechen. Und, zuletzt und künstlerisch entscheidend, suche und betrete den Weg zurück zum Frieden! So lassen sich die vier Schritte der *Technik des Ares* zusammenfassen. Wenn wir lernen, sie mit unserem heutigen Bewusstsein im Sozialen anzuwenden, werden wir dann aus ihr eine streitbare Friedenstechnik namens *Konfrontationskunst* entwickeln?

Konfrontationskunst

Wir fangen mit dem letzten der vier Schritte an, weil ich behauptet habe, dass darin das eigentlich Künstlerische liege, und weil die Rückkehr zum Frieden der schwierigste, weil sozialrelevanteste Teil der Sache ist.

Vierter Schritt: Suche und betrete den Weg zurück zum Frieden!
Am Wunsch nach Frieden fehlt und fehlte es nie. Das Problem ist und bleibt das Finden des Weges, der zu ihm führt. Ein Krieg oder ein Streit endet gewöhnlich mit Sieg und Niederlage. Kämpfen produziert zielsicher Sieger und Verlierer. Das könnte man die klassische finale Konstellation einer streitbasierten Auseinandersetzung nennen. Genau diese Produktion von Gewinnern und Verlierern müsste von einer *Frieden*stechnik ausgehebelt werden. Wenn die Rollen Sieger und Verlierer nicht mehr auf die Streitpartner verteilt, sondern beide von beiden zugleich eingenommen würden, könnte dann nicht Frieden herrschen?

Jeder muss ein bisschen verlieren und ein bisschen gewinnen, das war schon immer die Devise derer, die lieber Diplomatie betreiben anstatt zu kämpfen. Und was haben sie damit erreicht? Die befristete Verlagerung der Kampfhandlungen auf eine andere Ebene, Vorspiele zu neuen Kriegen. Mit Verhandlungen und der Ausbalancierung von Lasten ist kein Frieden zu erreichen, weil sie nichts anderes darstellen als einen kalten Krieg, einen Waffenstillstand auf befristete Zeit, in der die gezückten Messer hinter dem Rücken geschärft werden.

Warum führen Verhandlungen nicht zum Frieden? Weil beide Parteien auf ihrer Rechtsposition verharren, so wie es Schiller charakterisiert hat. Wir müssen *mehr* verlieren als nur unsere Position und *mehr* riskieren als nur ein bisschen Niederlage, wenn wir auf den aretischen Weg zum Frieden kommen wollen.

Erhard Eppler, ehemaliges Mitglied des deutschen Bundestags, von 1968 bis 1974 Minister und lange Jahre Mitglied der

Grundwertekommission der SPD, beschäftigte sich in einem Artikel für die *Süddeutsche Zeitung* mit dem israelisch-palästinensischen Konflikt und findet darin meiner Meinung nach den entscheidenden Unterschied zwischen Diplomatie und Konfrontationskunst. «Wenn sich Völker nur als Opfer wahrnehmen, sind sie nicht friedensfähig. Und wenn zwei Völker aufeinandertreffen, die sich beide nur als Opfer verstehen, ist Friede nicht einmal denkbar – es gibt nur Forderungen an die vermeintlichen Täter.»[88]

Erhard Eppler nimmt die deutsche Befindlichkeit nach dem Ersten Weltkrieg als Ausgangspunkt seiner Überlegungen: «Die Deutschen nahmen sich nur als Opfer wahr. Selbstmitleid wurde zur Nationaltugend. Wer sich aber nur als Opfer wahrnehmen kann, ist nicht friedensfähig. Er hat nur Forderungen an die anderen, die Täter. Was er selbst tut, ist lediglich Ausdruck der Opferrolle und also legitim. [...] Erst als die Deutschen die Millionen Opfer deutschen Rassenwahns und deutscher Gewaltpolitik voll wahrnahmen und sich selbst aus ihrer Opferrolle verabschiedeten, wurden sie friedensfähig. [...] Friede kann nur gelingen, wenn beide [Konfliktparteien] sich verständigen, was sie künftig zu tun gedenken, und zwar im Gegensatz zu dem, was sie bisher getan haben. Sie müssen aus ihrer Opferrolle herausfinden.» – Das also gilt es zu verlieren: Die Opferrolle!

Indem Erhard Eppler vorschlägt, dass das eigentliche Opfer, das wir bringen müssen, wenn wir Frieden erreichen wollen, *die Opferrolle selbst* ist, öffnet er den Weg, den wir mit den ersten drei Schritten der Technik des Ares betreten können.

Gehen wir also jetzt zum Anfang zurück.

Erster Schritt: Nehme deine eigene Feigheit an und erkenne in ihr die Widerstände, die du überwinden musst.
Die Anerkennung der eigenen *Feigheit* stellt einen ausgesprochen ungemütlichen Vorgang dar. Machen wir uns klar: Jede Konfrontation entsteht aus Widerständen und verstärkt diese beim Ein-

zelnen zu jener Intensität, die ihn empfinden lässt: Jetzt wird es ohne Krach nicht mehr gehen. In diesem Stadium kann man sich vom Schiller'schen «Guten und Rechten» beflügelt fühlen und in Maximalzielen der Selbstdurchsetzung, grausam berechtigten Rachegelüsten und hoch befriedigenden Demütigungsszenarien zu Lasten der Gegenseite schwelgen. Eines haben alle phantasierten Szenarien gemeinsam: Sie werden nicht eintreten. Was eintreten wird, ist die Situation der Konfrontation. Und die wird unangenehm sein.

Als erster Schritt auf eine Konfrontation zu gilt es also, sich einzugestehen, dass man sich vor ihr *fürchtet!* Diese Furcht macht das Konfliktpotenzial groß und ruft die oben beschriebenen Hirn-Szenarien hervor. Liegt es aber nicht nahe, zu vermuten, dass es meinem Konfliktpartner ebenso geht? Wir beide sehen uns selbst nicht in der Angreiferposition, sondern als Opfer! Für den anderen erscheinen wir aber als Aggressor. Dieses nicht deckungsgleiche Bild, das doch paradoxerweise im anderen exakt gespiegelt existiert, muss deckungsgleich gemacht und damit entschärft werden. Ich bin Opfer und fürchte mich vor dem Aggressor? Nein, ich bin Aggressor und fürchte mich vor dem Opfer – dem Opfern meiner Opferrolle! Ich *muss* mich nicht streiten, ich *will* mich streiten – und will es doch genauso wenig wie der andere. *Wir* wollen streiten – beide. Wir sind beide kein Opfer, wir sind beide der Aggressor. Und wir haben beide Angst. Nehmen wir sie an, die Angst und die kriegerisch-mutwillige Aggressoren-Position! Hören wir auf, uns selbst als Opfer zu fühlen, geben wir zu, was wir wollen: Der andere soll unser Opfer werden, das verlangt unsere Aggression. Stehen wir dazu.

Lassen wir dergestalt unsere eigenen Widerstände zu und fühlen wir sie empathisch in unserem Konfliktpartner vor, so tun wir, was ich *Anerkennung der Feigheit* genannt habe. Dieses Anerkennen ist ein konkreter seelischer Prozess, den ich stets durchlaufe, wenn Krach ansteht. Wenn ich ihn bewusst sozial ergreife, kann ich versuchen, meine Opferrolle als meine eigene Feigheit anzunehmen. Meine Angst kann ich mir empathisch als identisch mit dem Gefühl meines «Feindes» vorstellen und sie so mit ihm *teilen*.

Ablegen der Opferrolle und Teilen der Angst wären das Ziel, das ich im ersten Schritt der «Technik des Ares» erreichen kann, sobald ich sie mit dem antizipierten vierten Schritt als unverzichtbar erkannt habe.

Zweiter Schritt: Gehe nicht in die Konfrontation, bevor du deine Ziele überprüft hast.
Während der vorangegangene Schritt ein Betrachten der eigenen Person war, eine Umpolung der eigenen Befindlichkeit von Opfer auf Täter, steht hier unser Interesse an der sozialen Situation im Blickpunkt.

Was will ich konkret anders gestalten als bisher? Meine eigenen Bedürfnisse werden mir nun als Forderungen glasklar sein, sie waren bisher aber unter meiner Empörung verdeckt. Jetzt gilt es, vom Konflikt-Vorgang Abstand zu nehmen und die «Adlerperspektive» des Unbeteiligten einzunehmen. Ich sehe zwei Positionen – meine und die meines Konfliktpartners – konkret im Raum vor mir wie zwei Figuren, die zueinander in einem Missverhältnis stehen. Oder wie zwei Farben, die sich hässlich miteinander mischen. Wie zwei Töne, die schrill gegeneinander missklingen. Was wäre zu tun?

Ich kenne die Forderungen der anderen Seite – und habe sie bisher empört zurückgewiesen. Jetzt kann ich sie zulassen und aus der Adlerperspektive mit meinen eigenen Forderungen ein misstönendes Hässlichkeitsverhältnis bilden lassen. Wie werde ich das auflösen? Als ästhetischer Vorgang betrachtet sollte mir da eine Inspiration möglich sein. Auch diejenigen, die eher sozial gestimmt sind, werden aus dem adlerperspektivisch betrachteten Hässlichkeitserleben eine Intuition mitnehmen können.

Beim Überprüfen der eigenen Ziele geht es also nicht um eine schlichte, im Gelingensfall unaufgeregte Selbstvergewisserung, sondern um einen echten *Prüfungsvorgang*. Bevor ich aus diesem nicht wirklich eine soziale Intuition empfangen habe, also einen Vorschlag, wie es anders als bisher weitergehen könnte, sollte ich mich als auf die Konfrontation unvorbereitet empfinden und diese vermeiden.

Dritter Schritt – die Konfrontation. Motto: Habe den Mut, Widerstände, innere wie äußere, eigene wie die des Konfliktpartners, zu brechen!
Für den doppelten Mut, *innere wie äußere Widerstände zu brechen*, können zwei Leitsätze gelten:
    a. Wo Sieg gefordert war, muss Wesentliches geopfert, also aufgegeben werden.
    b. Wo Niederlage war, kann nicht das Eigene, sondern das Fremde gewonnen werden.
Im Konflikt wird, wenn er gelingt, etwas substanziell Neues geschaffen. Weder ich noch mein Konfliktpartner wird sich weiter so verhalten können wie bisher. Unsere Konfrontation ist die Vorstufe unserer Kooperation. Irgendetwas wollten wir schon immer gemeinsam tun und haben es, da wir die Tat nur vom anderen verlangt und wütend eingefordert haben, unterlassen. Konflikte lassen sich nicht nur ausschließlich gemeinsam lösen, sie erzwingen auch Gemeinsamkeit in Form von gemeinsamem Handeln. Genau das ist es auch, wenn ich ehrlich bin, was mich in den Konflikt gebracht hat: Genau mit *diesem* Menschen wollte ich nie etwas gemeinsam *haben*, geschweige denn *tun!* Hurra, jetzt ist es soweit, das Gegenteil zu tun!

Erst wenn ich als Gewinn ansehen kann, was ich vor der Auseinandersetzung gar nicht als Wert geschätzt habe, ja was ich noch nicht einmal kannte, kann eine Lösung mich wirklich bereichern, befriedigen und somit be*frieden.*

Es geht nun auf der seelischen Ebene abschließend darum, wie bereits angedeutet, Sieg und Niederlage nicht je einem der beiden Kontrahenten zukommen zu lassen, sondern sie in beide hineinzuverlegen. Eigentlich gibt es, wenn ich meine Opferrolle zu Beginn des Konfliktes wirklich abgelegt habe, keine echte Möglichkeit von Sieg- oder Niederlage mehr: Ich bin ja Aggressor und mir als solcher hoffentlich darüber im Klaren, dass ich ebenso wie mein Gegenüber Federn lassen werde. Dennoch werden wiederum in beiden Konfliktpartnern starke Gefühle von Verlust und Gewinn während des Konflikts arbeiten. Auch dies gilt es zuzulassen und gelassen damit umzugehen, dass das Streitresultat, die neue, gemeinsame Tat, diese Gefühle noch eine Zeitlang mit sich führen wird, bevor diese Tat gewohnte Gemeinsamkeit werden kann.

Jeder ist selbst dafür zuständig, seine Chance zu ergreifen. Wenn nur einer oder keiner der Konfliktpartner zu Opfer und zum Neubeginn bereit ist, wird der Konflikt scheitern – was so viel bedeutet, dass wir nicht *im* Konflikt scheitern, sondern *an* ihm. Er hat dann keinem der Beteiligten dienen können und bleibt als Chance vertan. Da aber ein ungelöster Konflikt nicht enden kann, wird er bald wieder auf der Tagesordnung stehn. Vielleicht in neuer Gestalt und mit neuem Konfliktpartner. Mindestens *unser* Anteil aber kehrt unweigerlich und beharrlich wieder.

Der Pädagogische Ares

In den vorhergehenden Kapiteln hatten wir uns vorgenommen, unter dem Stichwort *Ares* unser Verhältnis zu einem Komplex von Gefühlen und Verhaltensmustern zu untersuchen, die im weitesten Sinne als *kriegerisch* bezeichnet werden können.

Im Kapitel *Wer ist der geächtete Ares?* hatte ich einleitend drei grobe Unterscheidungen getroffen. Erstens die *kriegerisch-konkurrenzhaften* Gefühle und Verhaltensweisen, also diejenigen, die wir bei Wettkämpfen wie den Delphischen Spielen erleben. Hier entdeckten wir, dass Konkurrenz eine *Schule der Fairness* bietet. Denn einerseits wird in gelebter Konkurrenz und bejahtem Ehrgeiz der Umgang mit den starken Gefühlen von Sieg und Niederlage geübt. Andererseits, so war zu erkennen, befreite der in bewusst vereinbarten Regeln gelebte Konkurrenzkampf vom *Hässlichen* der gestauten Ambition, also dem Nicht-Anerkennen von Sieg und Niederlage, der Versuchung, mit unlauteren Mitteln zum Erfolg zu kommen.

In der Vorbereitung und im Rückblick auf die Delphischen Spiele aber kam unerwartet noch etwas anderes ins Blickfeld – eine *soziale Skulptur*, wie Joseph Beuys sagen würde. Denn es entstand sozialbildnerisch ein in einer Fülle von Absprachen und Vereinbarungen hergestelltes *Netz*. Gerade die Motivation, einen echten Wettkampf auszutragen, hatte uns zu einer Fülle von Vereinbarungen über gerechte, ungerechte und individuell angemessene Vorgehensweisen inspiriert. Dieses soziale Netz der Vereinbarungen ging für mich leitbildhaft aus dem Wettkampf-Erlebnis hervor.

Wir stoßen damit auf den ersten neuen Aspekt des *Pädagogischen Ares*. Wo früher der Kriegsgott zu Großtaten und Weltruhm anstachelte, führt uns heute die Motivation, Sieg und Niederlage erleben zu wollen, zu einer Fülle von *Kleintaten*, sogar *Kleinst-Taten*. Diese bestehen in Verabredungen und Vereinbarungen, in denen wir zwischenmenschliche Spannungen ausgleichen und die großen Gefühle sozial tragfähig machen. Ares kann heute zentrale pädagogische Bedeutung erlangen als Motivator zu sozialen Kleintaten. Diese sind nötig, um die Disziplin zu erhalten, um selbstbeherrschtes Verhalten und damit einerseits die *Gemeinschaft*, andererseits die *Entwicklung der Persönlichkeit* zu ermöglichen.

Was geschieht, wenn das Kriegerische, um Sozialbildner statt Zerstörer zu sein, vom schrecklich Großen zum winzig Kleinen umgewandelt wird? Die Technik des Pädagogischen Ares kennt nur die vier beschriebenen allgemeinen Schritte. Die konkreten Ergebnisse können nur zwischen konkreten Menschen direkt und individuell gestaltet werden. Sie sind nicht übertragbar. Sie sind auch nicht allgemein beschreibbar, weil sie nur dem konkreten, individuellen Verhältnis der jeweiligen Menschen untereinander angemessen sind.

Ich möchte das am Beispiel der Disziplin verdeutlichen. Diese werde ich nicht erreichen, wenn ich Regeln aufstelle. Genauso wenig werde ich sie erreichen, wenn ich mich den Regeln der anderen unterwerfe. Jeder Mensch scheint in punkto Disziplin nur zwei Möglichkeiten zu haben: sich ihr zu unterwerfen oder sie zu missachten. «Aretisch» wird Disziplin dagegen, wenn ich sie mit anderen *vereinbare*.

Die aretische Disziplin entsteht nur in Gemeinschaften, in denen Regeln gelten, die notwendig werden aus dem Wunsch, ein gemeinsames Ziel zu erreichen. Das Ziel stellt quasi die Regeln auf, die die Zielerreichungsgemeinschaft unter sich vereinbart. Diese gemeinsam und nur auf ein konkretes Ziel hin verabredeten Regeln sind dann keine ominösen moralischen Gebote mehr, sondern sind schlichtweg Vorbereitungen und Absprachen, die das Erreichen des gemeinsamen Zieles ermöglichen sollen. Im Sport ist das leicht zu erkennen. Jedes Spiel hat seine Regeln, sonst kann man es nicht spielen. Wer sich nicht daran hält, spielt nicht mehr mit.

Wir kommen hier an eine Schnittstelle zwischen Aretischem und Aphroditischem, rühren an die Verbindung von Disziplin und Spiel, zu der das nächste Kapitel finden wird. Hier bleibt nur noch festzuhalten, dass Regeln für neue soziale Spiele schlichte, pragmatische Verabredungs-Netze ohne höhere, gar moralische oder heilige Bedeutung sind. Diese sind die nur konkret zu fassende neue soziale Gestalt des Pädagogischen Ares.

Aber welchem höheren Ziel dienen diese Regeln der kleinsten Schritte? Im Sport reicht die pure Motivation, *gewinnen* zu wollen, als großes Ziel. Wo wäre aber ein Gewinnen im Sozialen zu erleben? Wo finden wir große Ziele im Sozialen? Sie sind nicht mehr existent – und das ist gut so. Im Sozialen gelten gegenwärtig nur noch kleine bis winzige Ziele – und entsprechend verborgene, für den Einzelnen dennoch wichtige Siege. Sie bestehen im Erringen und Einhalten von gemeinsamen Absprachen. Zwischen Kindern und Eltern wie auch zwischen Schülern und Lehrern ist dies täglich auszufechten, und es kann zu den beglückendsten Erlebnissen für beide Lernpartner werden, wenn die vereinbarten Regeln sich als tragfähig, sozusagen als *spielbar* erweisen. Es kann ein bescheidenes und dennoch starkes Siegesgefühl von gutem Kontakt und gelungener Tat entstehen.

Die Kleinsttaten des Pädagogischen Ares führen allerdings zu keinen festen, bleibenden Strukturen. Ein ständiges Ringen und Weben verbindet uns aretisch mit der sozialen Mitwelt. Ares *fesselt* nicht mehr, er *verbindet* stattdessen die Menschen in einem sozialen Raum, in dem nichts mehr als gegeben hingenommen wird und alles Soziale ständig neu ausgehandelt werden will.

Menschen werden sich zukünftig *durch Disziplin* und *in Disziplinen* verbinden lernen. Sie werden erkennen, dass Disziplin weder von außen noch als selbst auferlegtes Prinzip Spaß macht oder gar Sinn ergibt, dass aber gemeinsam vereinbarte und als Herausforderung von Partnern beschlossene Disziplin uns gerade diesen erwünschten Zielen näherbringt.

Den zweiten Komplex von Gefühlen und Verhaltensmustern nannten wir den *aggressiv-triumphalen*. Hier geht es darum, Verständnis zu entwickeln für scheinbar destruktive und unsoziale Verhaltensweisen jener, die sich über andere erheben und ihre Überlegenheitsgefühle auskosten wollen. Die *Mäßigung unseres eigenen Erregungspotenzials* ist hier gefragt.

Anhand der sich streitenden Jungen in der dritten Klasse konnten wir erkennen, dass die Gesten der Überlegenheit wie auch der Unterlegenheit als Aufmerksamkeits-Erreger in den sozialen Raum hineingestellt werden. Zur schier unlösbar verfahrenen Situation wurde der handelsübliche Kinderkonflikt erst durch die eskalierende Einmischung der Erwachsenen. In den Ausführungen der Kinderpsychologin Caroline Thompson wurde deutlich, warum sich die Eltern so heftig und jenseits aller Vernunft in den Konflikten ihrer Kinder engagieren.

Der Tatbestand der Identifikation zeigt hier seine unheilvolle, weil Distanz verunmöglichende Seite. Bemerkenswert ist außerdem, dass die Einfühlung ermöglichende Seelenkraft der Empathie versagt, sobald eigene Kinder in einen Konflikt involviert sind. Statt sehend zu machen, macht die von der Identifikation vereinnahmte Empathie blind. Blind für die anderen Kinder wie für das eigene Kind, in das man sich durch die Identifikation nur mehr scheinbar einfühlt – man empfindet «ganz wie es». Faktisch projiziert man seine eigenen Gefühle in das empathisch nur entleerte eigene Kind hinein. Sein Gewissen, das etwa in einem Schamgefühl sich äußern könnte, schiebt man so beiseite.

Wo gibt sich der Pädagogische Ares in den aggressiv-triumphalen Verhaltensweisen zu erkennen? Bei diesen geht es letzten Endes um ein Spiel. Eine Aphrodite ist mit im Geschehen als jemand, dem man gefallen will, den man beeindrucken möchte. Oder, ex negativo, als ein Gefühl, das man verbergen möchte, vor dem man sich schämt.

Streitende Kinder, vom Erwachsenen auf ihr Tun angesprochen, pflegen zu antworten: «Lass uns, wir *spielen* nur!» Diese Aufforderung missachten die Erwachsenen, wenn sie sich einmischen. Sie zerstören das Spiel, und aus Spiel wird Ernst. Worum es ursprünglich ging, lässt sich dann nicht mehr herausfinden, und *alle* Anklagen und Empörungen sind falsch. Das faszinierende Auspegeln von Neigungen, Abneigungen und Dominanzen, das die Kinder streitend untereinander betreiben, wird zerstört. Nur wer, selbst unbeteiligt, erleben kann, wie *hingebungsvoll* Kinder streiten, kann dafür ein angemessenes Gefühl entwickeln. Hier wirkt Ares als Gestalter von sozialen Binnenhierarchien. Diese sind notwendig, damit sich Einzelne daran orientieren und sich durch sie schützen können. Mehr noch: damit sie vom Klettern auf der Leiter der Hierarchien sozial *motiviert* und *mobilisiert werden*.

Im Gegensatz zu dem Kleintaten inspirierenden Pädagogischen Ares im Feld der kriegerisch-konkurrenzhaften Gefühle geht es hier nicht um Taten, sondern um das genaue Gegenteil. Die Erwachsenen müssen *nichts* tun, sich heraushalten und an ihrer Unbetroffenheit arbeiten. Nichts ist heute scheinbar so hart zu erreichen wie dieses Nichts. Denn es erfordert *De-Identifikation*. Ich bin nicht mein Kind und kann und werde nicht an seiner Stelle handeln! – Das ist das Motto, welches hier gefragt ist.

Wie stets bereitet die Gesellschaft des Ares Schmerz – den Schmerz, meinem Kind nicht helfen zu können. Die *Haltung*, die anstelle der ambitionierten *Handlung* stehen kann, ist die des Verständnisses und echten Mitempfindens. Diese müssen wir *allen* seinen Streitkumpanen ebenso intensiv wie unserem eigenen Kind entgegenbringen.

Die *dritte* Art von Gefühlen und Verhaltensweisen nannten wir die *heroisch-selbstlose*. An ihr haben wir die aretische Technik der Selbstüberwindung im Konfliktfall abgelesen. Heldenhaft können wir darin sein, wenn wir die schwere Kunst des Aufgebens der Opferrolle praktizieren. Diese Selbstlosigkeit, die uns zu sozialen Helden machen kann, entsteht, wir sahen es, nicht aus Selbst-Verzicht, sondern aus aktiver Einmischung in die Gestaltung des Sozialen. Wir benötigen künftig keine Opfer mehr. Wir brauchen allgemeine Teilhabe an der Gestaltung sozialer Prozesse.

Die modernen Helden sind banale bis bekloppte Fußballspieler, Moderatoren und Schauspieler, sehr selten Politiker. Diese sind aber nur Glanzbild-Helden. Wirklich heroisches Handeln gelingt heute nur noch im Sozialen. Selbstlose Helden werden wir im stetigen Training unserer Teilhabe an sozialen Gestaltungsprozessen.

Kernsätze zum Pädagogischen Ares

Menschen werden sich zukünftig *durch* Disziplin und *in Disziplinen* verbinden. Sie werden erkennen, dass Disziplin als von außen auferlegtes wie auch als selbst auferlegtes Prinzip weder Spaß macht noch Sinn ergibt, dass aber gemeinsam vereinbarte und als Herausforderung von Partnern beschlossene Disziplin uns gerade diesen erwünschten Zielen näherbringt. Mögliche Schritte auf diesem Weg:
1. Nimm deine eigene Feigheit an, indem du deine Opferrolle ablegst. Dei Feind ist kein Aggressor, sondern dein Konfliktpartner. Er hat ebenso Angst vor dem Konflikt wie du und wird ebenso wie du von Allmachtsphantasien, Rachegelüsten und Zerstörungsszenarien heimgesucht. Diese verbildlichen die Widerstände, die du überwinden musst, bevor du einen klaren Kopf bekommst und dich fragen kannst, was in dem Konflikt für dich fragwürdig ist und welche Ziele du in ihm verfolgst.
2. Gehe nicht in die Konfrontation, bevor du deine Ziele nicht aus der Adlerperspektive eines künstlerisch oder sozial eingenommenen Abstandes betrachtet und ihre Stimmigkeit oder Unstimmigkeit dergestalt überprüft hast.
3. Habe den Mut, innere wie äußere, eigene wie fremde Widerstände zu brechen. Benutze dafür zum Beispiel die zwei vorgeschlagenen Leitsätze:
a. Wo Sieg gefordert war, muss Wesentliches geopfert, also aufgegeben werden.
b. Wo Niederlage war, kann nicht das Eigene, sondern das Fremde gewonnen werden.
Erst wenn ich als Gewinn ansehen kann, was ich vor der Auseinandersetzung nicht als Wert geschätzt habe, ja was ich noch nicht einmal kannte, wird eine Lösung imstande sein, mich wirklich zu bereichern, zu befriedigen und somit zu *befrieden*.

Der Pädagogische Ares steht für den Kampf um einen gemeinsamen Weg. Dabei bilden unsere kriegerisch-konkurrenzhaften Gefühle eine Schule der Fairness. Wir lernen, mit dem Pädagogischen Ares stets neue Spiel-Regeln zu bilden und Verabredungen auszufechten, hinter denen die alten moralischen Dogmen verblassen.

Die aggressiv-triumphalen Gefühle bieten uns eine Schulung in De-Eskalation als De-Identifikation. Wir können mit ihnen arbeiten, um eine Distanz zwischen uns und zum Beispiel unseren Kindern herzustellen, die nötig ist, um uns aus der Liebesgefangenschaft mit ihnen zu befreien. Wir können trainieren, unsere eigene «Verkindschung» und die «Vererwachsung» unserer Kinder zu beenden und wieder erzieherisch statt nur beziehungsförmig unseren Kindern gegenüberzutreten. Diese Selbstüberwindungsarbeit kann uns mit heroisch-selbstlosen Gefühlen belohnen, denn Helden gibt es nur noch im Sozialen.

NACHSPIEL –
MOTIVE DER ERZIEHUNG FÜR
DAS 21. JAHRHUNDERT

Eine vorausdenkende Privatansicht

Ich möchte keine Utopie entwerfen, nur ein Stück weit vorausdenken. Utopien entlarven sich meist als am Bekannten entlangphantasierte Gegenentwürfe zu bestimmten Problemen der Gegenwart. Meine Herangehensweise sehe ich dagegen ähnlich der eines bildenden Künstlers, der sich einem konkreten Spannungsfeld in der Außen- und Innenwelt aussetzt, um so eine eigene Position entwickeln zu können. Was ich mir *wünsche,* daran kann ich arbeiten. Meine Wünsche entspringen meinen Motivationen, erlauben Ihnen, dem Leser, also Rückschlüsse und eröffnen Ihnen ein Feld für Ihre Mitarbeit. Wenn sich Motivationen auf konkrete Ziele richten, nenne ich sie *Motive*. Solche möchte ich Ihnen nun anbieten, nicht um Recht zu haben, sondern um Sie zu *motivieren* – zu einer eigenen Meinung, zum Widerspruch oder zur Mitarbeit an meinen Denkbewegungen.

Motive, wie ich sie hier verstehe, sind wie Kunstwerke dann gelungen, wenn sie Reibung, Wärme, bestenfalls ein Feuer der Tat- und Erkenntnisbegeisterung entfachen. Wenn andere meine Motivationen teilen und in deren Umsetzung mit eigenen Motiven einsteigen, können wir gemeinsam eine neue Pädagogik konkretisieren.

Die Grundannahme dieser bewusst als Privatansicht überschriebenen Motivliste lautet also wie folgt: Wo Menschen sich freiwillig und mit eigenen Motiven auf ein gemeinsames Vorgehen in der Erziehung einigen, können sie mit großen Motivatoren (in diesem Buch sind es die drei griechischen Götter Ares, Hermes und Aphrodite) zusammenarbeiten und aus einem gemeinsam mit diesen verlebendigten Geist zukunftsweisend pädagogisch handeln.

Das Gegenteil dieser zukunftsträchtigen Vorgehensweise ist der von oben verordnete Plan. Bürokratische Reißbrettpädagogik wird in Deutschland heute immer noch dem Großteil derjenigen, die konkret pädagogisch arbeiten, von oben aufgezwungen. Ich bin Waldorflehrer, es wird daher nicht verwundern können, dass ich den zentralen Missstand gegenwärtiger pädagogischer Arbeit im Vorhandensein einer staatlichen Bildungspolitik sehe.

Es wundert mich nicht, dass der Motivationsgrad, den die staatlichen Lehrpläne hervorrufen, gegen null und weit darunter tendiert. Alle Bildungs*politik* arbeitet mit der falschen Methode, indem sie Ziele für *andere* festlegt. In punkto Lehrpläne und Lehrermotivation sind die Waldorfschulen den Staatsschulen deshalb um ein Zeitalter voraus, weil die Staatsschule noch im obrigkeitsstaatlichen Modell des 19. Jahrhunderts festhängt. Die Staatsschule ist ein Dinosaurier der Planwirtschaft – blamabel für ein Land, das erkannt haben will, dass Schule etwas mit Zukunft zu tun hat.

Jede Waldorfschule arbeitet unabhängig und selbstverwaltet. Jeder ihrer Lehrer gestaltet seinen Unterricht selbstverantwortlich. Ein Waldorflehrer kann ein autonomer Mensch des 21. Jahrhunderts sein. Ein Staatsschullehrer dagegen stellt unfreiwillig eine unzeitgemäße Untertanenfigur dar und ist als solche ein schlechtes Vorbild für die Kinder des 21. Jahrhunderts. Die Kollegen der ehemals staatlichen Schulen werden sich am Ende unseres Jahrhunderts aus ihrer Unmündigkeit befreit haben, ihren Unterricht eigenständig gestalten und ihre Schulen selbstverantwortlich verwalten.

Was ich nun als Motive für die elterliche wie für die Schulerziehung des 21. Jahrhunderts nennen werde, lässt sich als

«Stichwörter» charakterisieren, die einem Hintersinn ihres Namens Ehre machen wollen, indem sie polemische und inspiratorische Stiche versetzen.

Aretische Distanzen

Freundliche Distanz
Die angemessene Grundhaltung in der Pädagogik ist eine freundliche Distanz. Distanz benötigen wir, damit wir wahrnehmen können, wer da mit welchen Bedürfnissen vor uns steht. Zu viel Nähe macht blind. Gerade den eigenen Kindern gegenüber ist die Bewahrung der freundlichen Distanz unablässig. Zu viel Verliebtheit zieht uns hier in die Identifikation und Symbiose mit dem Kind, sodass wir unserer Erziehungsfähigkeit verlustig gehen. Das erste Gebot der Erziehung lautet: Bedenke, in welchem Stadium seiner Entwicklung der Mensch ist, dem du gegenüberstehst. Die krassesten Fehler in der gegenwärtigen Eltern-Kind-Beziehung werden in verliebter oder verzweifelter Verblendung begangen. Viel zu kleine Kinder werden viel zu erwachsen angesprochen und haftbar gemacht. Dadurch wird ihr Urvertrauen zerstört. Große Kinder werden als viel zu unselbstständig behandelt und schockierend überbehütet. Dadurch werden sie abhängig gehalten.

Die *Freundlichkeit* unserer Distanz ist die wärmende Farbe zur angemessenen Haltung. Kinder sind weder unsere Untertanen noch unser Besitz. Wenn wir ihre Achtung erwerben wollen, so geschieht dies, indem wir sie unsere Achtung durch die Melodie der Freundlichkeit spüren lassen. Wenn wir ein Beziehungs-Band zu ihnen knüpfen wollen, das verbindet, ohne zu fesseln, so geschieht dies durch Freundlichkeit, nicht durch Liebe. Je vollkommener es uns gelingt, familienverwandten wie anvertrauten Kindern gegenüber eine hilfsbereite, humorvolle und solidarische Haltung einzunehmen, desto eher werden sie diese Grundtugenden zwischen Menschenbrüdern und -schwestern sich zu eigen machen. Damit aus Solidarität keine unsozialen Seilschaften werden, wie wir sie in den gegenwärtigen Gesellschaften beobachten, verwenden wir wieder *Distanz*.

Trennung von Schule und Staat
Die Bürgergesellschaft wird so viel Mut zur Offenheit entwickeln, dass am Ende des 21. Jahrhunderts die staatliche Schulpolitik eingestellt sein wird. Jedes Kind bekommt gleich viel Geld für jene Schule, die seine Eltern durch ihr Vertrauen als die Schule ihres Kindes legitimieren. Das nämlich ist der Skandal der gegenwärtigen Bildungspolitik, dass der Staat sich herausnimmt, Schulplätze nach bildungspolitischem Belieben unterschiedlich zu bezahlen. Ein klarer Verfassungsbruch, der das Grundrecht auf Bildung den Machtinteressen eines Staatsmonopols opfert.

Eltern werden sich die Schulformen, in denen ihre Kinder lernen sollen, künftig nicht mehr von Beamten vorschreiben lassen. Jedes Kind wird am Ende des 21. Jahrhunderts auf eine Privatschule gehen – weil es keine Staatsschulen mehr geben wird – und jedes Kind wird gleich viel Geld vom Staat für seine schulische Ausbildung erhalten, über die einzig und allein die Eltern zu entscheiden haben.

Die Praxis, durch staatliche Lehrpläne und Abschlüsse eine «Gleichheit» der Bildung zu erreichen, entspringt einem Gerechtigkeitsbedürfnis, das sich heute in Freiheitsberaubung verkehrt hat. Am Ende des 21. Jahrhunderts wird das Vertrauen der Menschen in die Kraft ihrer Unterschiedlichkeit den zentralistischen Gerechtigkeitswahn des 20. Jahrhunderts besiegt haben. Alle ehemaligen Staatsschulen werden unter der Leitung der jeweiligen Kollegien privatisiert sein.

Einschätzung und Selbsteinschätzung statt Notgebung
Dass Notgebung, früher als «Notengebung» verschleiert, ein Vergehen an der Entwicklungsfähigkeit jedes Menschen dar-

stellt, ist bereits im ersten Kapitel dieses Buchs dargestellt worden. Die Schulen am Ende des 21. Jahrhunderts werden vielfältige und differenzierte Formen der Selbsteinschätzung und des Gesprächs über die Entwicklung jedes einzelnen Schülers erarbeitet haben. Die beschriebenen Dialogzeugnisse sind nur ein Anfang. Da jede Schule eigene Verfahren als «Abschlussprüfung» entwerfen und evaluieren wird, sind Noten am Ende des 21. Jahrhunderts längst durch weit Besseres ersetzt worden: Die Erprobung der jungen Menschen in einer Fülle verschiedenster Aufgabenfelder vom Altersheim über das Opernhaus bis zum Forschungslabor. Was sie dort – und im Klassenzimmer – gelernt haben, werden sie selber einschätzen und ihre Ergebnisse in originellen statt normierten Prüfungen präsentieren.

Menschen müssen nicht systematisiert werden. Sie verdienen es, als Individuen gewürdigt zu werden. Wenn menschliche Entwicklung nach Normvorgaben beurteilt wird, wird das Individuum zum Industrieprodukt degradiert. Das dergestalt abgestempelte Individuum wird der Gesellschaft, die es normiert hat, als Gegenleistung die Motivation eines Industrieprodukts zufließen lassen: das totale Desinteresse.

Wer ein Zeugnis schreibt oder ein Urteil fällt, lernt seine eigene Haltung kennen. Wer stattdessen ein Gespräch führt, lernt sein Gegenüber kennen. Wenn es gelingt, dass die Gesprächspartner *sich aussprechen,* lernen sie sich gegenseitig *verstehen*. Wer zu verstehen beginnt, kann mit dem guten Beispiel einer gelungenen Selbsteinschätzung vorangehen.

Lebensschule – Aphroditische Öffnungen

Alle Menschen sind Lehrer
Jeder Erwachsene hat etwas zu vermitteln. Die meisten trauen es sich nicht zu, weil sie selbst durch die Schule traumatisiert wurden. Eines der größten Probleme für die schulische Erziehung ist die auf eigenen schlechten Erfahrungen beruhende latent nega-

tive, manifest Verantwortung abschiebende Haltung der Eltern zur Schule. Die staatlich monopolisierte Bildung zwingt heute eine überlastete Minderheit von Menschen, sogenannte Lehrer, im Gestrüpp bürokratischer Verordnungen minimalfinanzierte schulische Bildung zu versuchen. Die Lehrer stellen fest: Wir sind schon wenige, aber wir werden immer weniger! Bald werden wir ausgestorben sein – kein Wunder bei dem Gehalt! Wir brauchen also: Viel mehr Geld und viel mehr Lehrer – und die brauchen kein Lehramtstudium!

Durch die massive Einbeziehung von Nicht-Profis jeder Herkunft wird die Schule am Ende des 21. Jahrhunderts zur bunten Lernwelt in allen Lebensbereichen. Die Vielzahl der Fächer wird neben und mit den ausgebildeten und voll erwerbstätigen Pädagogen mindestens zur Hälfte von passionierten Laien getragen, die ihre Lebens- und Berufserfahrung einbringen. Großvater Müllmann wird eine Epoche oder einen Kurs zur Stadtreinigung und konkreten Ökologie geben, Mutter Unternehmerin zur Weltwirtschaft. Die asylsuchende Sekretärin wird ihre Muttersprache unterrichten – ohne jeden akademischen Anspruch, dafür kulturell authentisch. (Siehe dazu auch *Drei Lernebenen für mindestens drei Fremdsprachen,* S. 180f.).

Beschränkungen des Lehrens und damit des Lernens, die durch sogenannte «Unterrichtsgenehmigungen» zementiert werden, gibt es nach der gelungenen Trennung von Schule und Staat nicht mehr. Gerade in der Zusammenarbeit von «Profis» und «Laien» wird die Entdeckerfreude beim Lehren und Lernen neu belebt. Der staatlich monopolisierte und dadurch bedrohlich beschränkte Arbeitsmarkt Schule wird am Ende des 21. Jahrhunderts radikal geöffnet sein. An jeder Schule werden doppelt so viele Lehrer angestellt sein wie heute. Unterhalb dieses Minimalstandards kann nicht ernsthaft über Erziehung und Bildung als Investition in die Zukunft gesprochen werden.

Soziale Phantasie
Kinder werden bereits heute vornehmlich nicht mehr in Familien, sondern in Kitas, Vorschulen und Schulen sozialisiert. Das grassierende Umgehen des elterlichen Erziehungsauftrags ist die meiner Meinung nach wenig überraschende Antwort der Eltern auf eine Gesellschaft, der es nicht mehr gelingt, einen Mehrwert namens «Zukunftsperspektive» für ihre Kinder zu produzieren. Am Ende des 21. Jahrhunderts wird es selbstverständlich sein, dass dieser Sozialbildungsauftrag zum klassischen Bildungsauftrag der Schulen gehört.

Damit aber nicht genug. Echte Individualisierung bedarf höherer Qualifikation und eines gesteigerten Einsatzes der Pädagogen. Die Durchführung sozialer Projekte, seien dies Aktivitäten nach außen oder gruppensozialisierende Vorgänge innerhalb einer Klasse, erfordern viel Zeit und eine spezielle Schulung. Alleine das rechtfertigt meine Forderung nach Personal- und Zuwendungsverdoppelung. Die Lernwerkstatt Schule muss vor allem auch eine Sozialwerkstatt sein.

Soziale Phantasie ist die wichtigste menschlich-künstlerische Qualifikation der Zukunft. Ihr dürfen keine Grenzen gesetzt sein.

Neue Deutungen alias hermetische Jungbrunnen

Radikale Erweiterung des Fächerkanons
Pädagogik vermittelt den Kindern Welt, indem sie deren «Lesbarkeit» erfahrbar macht und grundlegende «Entzifferungstechniken» einübt. Der heute bestehende Fächerkanon der Staatsschulen wurde im 19. Jahrhundert aus dem Geist des Humanismus entworfen. Die explosionsartige Zunahme des Wissens im 20. Jahrhundert hat zur Folge, dass das Maß unseres Nichtwissens täglich gegenüber dem unseres Wissens exponentiell zunimmt. Die Welt droht «unlesbar» zu werden, weil wir uns in

veralteten Grundtechniken üben. Wir lernen in der Schule weder ein Auto zu reparieren noch unsere Steuererklärung zu machen, weil das scheinbar nicht «allgemeinbildend» ist. Die selbstverwalteten Schulen am Ende des 21. Jahrhunderts werden mit radikal verschiedenen Lehrplänen konkurrieren und so sicherstellen, dass unsere plurale Gesellschaft durch die Ausbildung unterschiedlichster Grundfähigkeiten weiterentwickelt werden kann. Wir brauchen keinen Minimalkonsens des Lernenswerten, sondern eine maximale Spanne des an Schulen Lernbaren.

Drei Lernebenen für mindestens drei Fremdsprachen
Es muss nicht immer *Hamlet* sein. Doch Sprachkenntnisse haben in unserer multikulturellen Welt einen zentralen Stellenwert. Schulisch zielt der Fremdsprachenerwerb heute aber darauf ab, die erlernte Sprache bis zur Studienreife zu beherrschen. Das kann als Möglichkeit bestehen bleiben. Nötig wäre aber der Erwerb mehrerer Fremdsprachen, die keinesfalls völlig beherrscht werden müssen. Auch wenn ich mich «nur» mit einer fremden Sprache im jeweiligen Land bewege und dort einkaufen kann, wenn ich in der Lage bin, mit ihr meine Grundbedürfnisse auszudrücken, ist dies ein Gewinn an Welthaltigkeit, der sich in der Schule zu erwerben lohnt. Künftig werden Fremdsprachenkenntnisse auf Alltagsniveau auch im «eigenen» Land vermehrt gebraucht. Ganz abgesehen davon, dass es am Ende des 21. Jahrhunderts voraussichtlich keine Nationalstaaten mehr geben wird, weil die weltweite Migration diese ebenso hinweggespült haben wird wie die globale ökologische Krise.

Die «Weltsprache» Englisch hat die babylonische Sprachverwirrung nicht revidiert. Dass Menschen sich nicht verstehen, weil sie sich gegenseitig schlichtweg nicht verständigen können, wird künftig ein an Schärfe dauerhaft zunehmendes Problem sein.

Begegnen wir ihm schon jetzt, indem wir in der Schule einen breiten Fremdsprachenerwerb mit neuen Zielvorgaben ermöglichen. *Alltagskonversation*, *Geschäftsverkehr* und *Studium* könnten diese Ziele heißen. Sie alle sind gleichwertig und legitim. Das eine lernt sich aber auf völlig anderen Wegen als das andere. Das eine erfordert völlig andere Lehrer als das andere.

Die Werkstätten von Hermes, Ares und Aphrodite – Meditativ erarbeitete Motivationen

In den vorangegangenen Kapiteln habe ich einige Grundgedanken des Hermetischen, Aphroditischen und Aretischen herausgebildet. Diesen Grundgedanken bin ich meditativ nachgegangen. Die Ergebnisse skizziere ich – so streng wie möglich und so emphatisch wie nötig – nach einer methodischen Vorbemerkung.

Dem Leser der bisherigen Seiten wird aufgefallen sein, dass sich das Licht, das ich auf meine Themen lenke, meist in drei Spektralfarben bricht, dass sich nämlich sehr oft drei Aspekte daraus ergeben, die untersucht werden. Das ist keine Magie, sondern ein bewusst angewendetes Verfahren zur Reduktion von Komplexität. Ich benutze die Methode, an einem Thema drei Aspekte zu betrachten, bewusst als eine Form von «lebendigem» Denken, wie Rudolf Steiner es gefordert und vorgelebt hat. Dreifarbig betrachtete Phänomene sind nicht nur deutlich «bunter» als zweifarbige, die weit verbreitete Methode des «polaren» Denkens reduziert Komplexität in einem Übermaß, das als Schwarz-Weiß-Malerei bezeichnet werden muss.

Auch an der Verbreitung dieses ziemlich unlebendigen Schwarz-Weiß-Denkens hat Rudolf Steiner einen großen Anteil. Er benutzt das letztlich zoroastrische und damit bewusstseinsgeschichtlich längst abgelebte Denken in Gegensätzen zum Beispiel in Bezug auf die von ihm beschriebenen seelischen Grundkräfte Sympathie und Antipathie – eine unvollendet gebliebene Vorstufe der Seelenbetrachtung.[89] Es ist mir ein Anliegen, auf das Problem hinzuweisen, dass Schwarz-Weiß-Denken unterkomplex bleiben *muss*.

Drei Betrachtungs-Elemente dagegen gehen den entscheidenden Schritt von der Dualität zur Pluralität. Sie entwickeln untereinander echte Dynamik: Sie kommen miteinander nie zur Ruhe. Drei können problemlos auseinandergehen, denn sie waren nie vereint. Eine Balance zwischen dreien ist ein extremer Sonderfall. Die Regel ist Dynamik durch Instabilität. In der Wechselwirkung von drei verschiedenen Kräften ist das Einzelne immer in der Minderheit. Das Einzelne muss sich nun gegen eine Mehrzahl behaupten oder kann sich gegen ein anderes Einzelnes verbünden. Die Realität aller zwischenmenschlichen Beziehungen besteht darin, dass diese im Plural stattfinden. Beziehung im Singular gibt es nur zu Objekten, die unsere Beziehung nicht erwidern können. Beziehung zu beseelten Wesen ist Wechselbeziehung. De facto stehen wir schon vor unserer Geburt in einer Vielzahl von Beziehungen. Für die Beschreibung von beziehungsgestaltigen Vorgängen, wie alle seelischen Vorgänge es sind, muss der Singular als untauglich angesehen werden.

Darum also, um eine dynamische Pluralität und einen ersten Blick auf eine die Mannigfaltigkeit des Wirklichen ermöglichende Perspektive geht es mir bei der Dreizahl der Aspekte. Ich bin mir bewusst, dass auch sie eine reduzierende Betrachtungsweise darstellt.

Hermes oder: Wie uns Empathie motiviert

Die Prozesse, die ich als durch Hermes motiviert beschrieben habe, leben von der seelischen Grundkraft der Empathie. Diese besteht darin, dass ich mich in einen anderen Menschen hineinversetze und durch mein Mitempfinden Verständnis für *sein* Empfinden in seiner realen Situation entwickle. Empathie bedarf zum Verständnis nicht notwendig der Worte. Im bewusst gestalteten Gespräch allerdings entwickelt sie sich zuverlässig. Und das keineswegs nur durch den Austausch von Informationen.

Zwei viel wesentlichere Prozesse als der verbale Austausch von Informationen geschehen während des Gesprächs. Zum einen verständigen sich die Partner auch auf unbewusster Ebene. Diesen Zusammenklang nennen Psychologen wie der Paarforscher Michael Lukas Möller «wechselseitige Einfühlung».[90] Wir erleben darin die psychologische Dimension des Miteinander-Sprechens.

Die Dimension, die ich hier bewusst machen möchte, ist jedoch eine geistige oder spirituelle. Sie entsteht *vor* allen Worten. Es ist die Wort*werdung* des Geistes. Aus diesem spirituellen Zusammenhang beschäftigt uns hier die spezifisch menschlich-empathische, zu Worten zwischen Menschen gestaltete Sphäre.

Das Hermetische ist eine Welt des Tönens, Zum-Klingen-Bringens und Vernehmens. Es kann deshalb mit musikalischen Termini umschrieben werden. Allzu gerne übersehen wir, dass Sprache ebenso wie Musik eine Anrührung durch Klänge ist.

Wortung – Einstimmung zur Empathie
Martin Buber beschreibt «Wortung» so: «Der Mensch redet in vielen Zungen, Zungen der Sprache, der Kunst, der Handlung [...]. Und wie die sprachliche Rede wohl erst im Gehirn des Menschen sich *worten,* dann in seiner Kehle sich lauten mag, beides aber sind nur Brechungen des wahren Vorgangs, in Wahrheit nämlich steckt die Sprache nicht im Menschen, sondern der Mensch steht in der Sprache und redet aus ihr, – so alles Wort, so aller Geist.»[91]

Martin Buber wird in dieser Bemerkung unter anderem des Umstandes ansichtig, dass wir Gedanken und Gefühle zuerst *haben* und dann erst in Worte fassen. Das In-Worte-Fassen ist etwas anderes als die Gedanken und Gefühle selbst, die durchaus in ihren eignen «Zungen» sich auszusprechen imstande sind.

Vor dem Wort erscheinen das Gefühl, die Geste und der unartikulierte Gedanke. Vor dem Wort liegen die Beziehungen, die zwischen beseelten Wesen gebildet werden. Beziehungen wirken schon tiefgehend, bevor sie besprochen, ja bevor sie überhaupt ausgesprochen werden. Das wissen wir spätestens seit der Zeit vor unserem ersten Liebesgeständnis. Welche sehnsuchtsschwangeren, melancholiekranken Labyrinthe lagen vor diesem ersten Aussprechen! Da lernten wir einzusehen, dass unsere Beziehung zu einer anderen Person – wie intensiv auch immer gefühlt – *unglaublich folgenlos bleiben kann.* Wenn nur wir uns beziehen, öffnet sich ein großer und vor allem sehr schmerzhafter Raum des Bezogen-Seins *vor* der Beziehung. Erst *erwiderte und damit gemeinsame Beziehung* verdient ihren Namen. Und erfordert, um eine solche zu werden, unser Liebes-Geständnis.

Für eine Beziehung müssen wir allen Mut zusammennehmen und uns aussprechen. Das einsame und sehnsuchtsvolle Beziehungsgefühl wird jäh und aufregend zwischenmenschliche Realität, wenn wir es bekennen. Liebes*beziehung* bekommt die erwünschte neue Qualität: Sie wird Liebes*geschichte*.

Unsere Liebesgeschichten heißen nicht ohne Hintersinn *Ge-Schichten* und wachsen im Geschichte-Werden über die bloße Beziehung hinaus, die dem Bezogen-Sein erlösend folgt: Schicht um Schicht legen sich unsere gemeinsamen Erlebnisse übereinander, werden erinnert und später gefeiert als Wegmarken unserer sich nun entwickelnden Geschichte.

Durch das Aussprechen bekommt das beziehungshaft-gestaltlose Schwingen unserer Gefühle sozial-reale *Schichten*. Der bloße Fakt, dass wir aus Gefühlen Worte gemacht haben, prägt uns selbst und den anderen in Form von erinnerbaren Ereignissen, die ein Leben lang vielsagend bleiben.

Gefühle werden Geschichten, indem wir sie aussprechen. Beziehungen leben im unausgesprochenen-unaussprechlichen Labyrinth der Projektionen, Erwartungen und Sehnsüchte *in jedem einzelnen Menschen*. Geschichten lagern sich im sozialen Ur-Raum *zwischen Ich und Du* ab und bilden Lebenslandschaften.

Betrachten wir den Schritt von der Beziehung zur Geschichte noch ein wenig genauer: Ins Wort gefasste Beziehung wird zuerst Erzählung. Von den Ereignissen, die Geständnissen folgen, berichten wir in Erzählformen, die von der Beichte bis zum Klatsch reichen. Aus immer wieder neu gebeichteten bis getratschten Erzählungen lagern sich Lebenswegmarken in unserer Erinnerung ab. Diese werden so erinnert, wie sie erzählend interpretiert wurden. Das vom Lebensereignis gegebene Thema bleibt nur lebendig, wenn wir es uns oft und immer wieder neu interpretieren – so wie bedeutende Musikstücke immer wieder durch Musiker und bedeutende Theaterstücke immer wieder durch Schauspieler interpretiert, also aufgeführt, gehört und betrachtet werden. In unserem solcherweise das Alte neu gestaltenden, vergegenwärtigenden und als aktuell miterlebenden Interpretieren bilden sich die Schichten, die nach längerer Zeit dann feste Formen darstellen. Die Erzählungen haben eine Geschichte gebildet – bei literarischen Kunstwerken ist dies der Zustand, wo sich die Geschichte vom Werk ablöst und ins kollektive Gedächtnis aufgenommen wird. Wenn ich «Romeo und Julia» sage, weiß auch jemand, der von Shakespeare nie etwas gehört hat, was ich meine – die große, romantische, tragische Liebe.

Große Geschichten und große Musikwerke reichen über das Erzählen oder das Spielen hinaus. Sie beginnen im Überpersönlichen zu wirken und zu wohnen. Sie können als Geschichten oder als Musik unsterblich werden: Was in einem Einzelnen zuerst anklang, dann durch Erzählung Macht gewann, lebt nun als *unsterblicher Klang*. So weit kann der Prozess der «Wortung» reichen (der das Musikalische mit einbezieht).

Es gibt aber noch einen weiteren Prozess, der im Zusammenhang mit «Wortung» bedeutsam ist. Wir sagen: *Ich gebe dir mein Wort.* Wir meinen damit: Ich *verspreche* dir etwas. Während das Sprechen mit seinem Moment verhallt, wirkt Versprechen in die Zukunft. Eröffnet Zukunft, in der ich das gegebene Wort einlöse. Ernst zu nehmende Versprechen sind tiefgreifende Vorhaben, die nicht an Verfallsdaten gebunden sind. Wirkliche Versprechen unternehmen den kühnen Versuch, den vorhersehbaren und üblichen Verfall *aller* Worte außer Kraft zu setzen.

Das als Versprechen gegebene Wort erhält ein wirkungsmächtiges Handlungspotenzial. Manche Worte auszusprechen bedeutet mehr, als mit allen Handlungen dieser Welt sagbar wäre. Dergestalt bedeutsame Worte stellen sich über alle Deutungen mit ihrer tief handlungsmächtigen *Eindeutigkeit*.

Im Worte-Machen, Uns-Aussprechen und Voneinander-Erzählen stimmen wir uns auf die Themen unseres Lebens ein. Sie sind die Quellen des hermetischen Prozesses. Durch ihren auf das Werden zielenden Charakter treten sie aphroditisch unterströmt zutage.

Wenn eingehaltene Versprechen zu eindeutigen, absolut unverwechselbaren Geschichten werden, erleben wir den großen Strom des Hermetischen an der Mündung ins Meer der Unsterblichkeit.

Verständnis – Die Klangwelt der Empathie

Wie ihre dem Geistigen zugewandte Schwester, die Erkenntnis, benennt Verständnis, dem Menschlichen zugewandt, einen Vorgang, der stets erweiterbar bleibt. Daher zielt die Rede, man «habe Verständnis», nicht auf einen Meinungs-Besitz, sondern auf etwas Komplexeres:

Das *Haben* von Verständnis ist nicht das Entscheidende. Entscheidend ist das Gefühl, verstanden zu *werden*. Dieses Gefühl ist lebensnotwendig, indem es Beziehungen eröffnend und persönlichkeitsstärkend wirkt. Beim Verständnis geht es also nicht so sehr um *mein Verstehen* als vielmehr darum, dass der andere mein Verstehen *empfindet*. «Verständnis haben» meint in seiner eigentlichen Form genau diese meine Ausrichtung auf einen anderen, auf das *Du*. Verständnis nur zu *haben* und es also für mich zu behalten, würde den Anspruch, den wir an den Vorgang Verständnis stellen, verfehlen. Verständnis öffnet dem Du einen

Raum in mir und damit für das Du einen Raum in der Welt. Ich bilde den, dem ich im Verständnis begegne, in mir nach – der Grundvorgang der Empathie.

Das Verhältnis, das wir heute als dritte seelische Grundkraft kennen und mit dem jungen Wort *Empathie* aufrufen, bahnt sich dergestalt an.[92] Jemandem im Verständnis zugewandt sein bedeutet nicht, ihn zu *erkennen*. Das Erkenntnisinteresse ist nur ein mitschwingender Ton im Verständnis. Ich will den anderen nicht allein gedanklich erfassen, auch wenn das eine notwendige Voraussetzung für Verständnis ist. Ich mache ihn mir durch mein Verständnis ein Stück weit – so weit *wir beide* wollen und können – zum «Inneren Anderen». Zu einer Person, die ich aus dem Stand charakterisieren und sogar nachspielen könnte. Das ist übrigens eine gute Probe für echtes Verständnis: Wenn ich ohne jede Vorbereitung, ohne jedes Besinnen einen anderen charakterisieren und Nachspielen kann, dann *urteile* ich nicht mehr über ihn, ich *habe* ihn in mir.

Verständnis wird entwickelt, «ausgerollt» im Gespräch. Präzise beschrieben ist es das empathische Einander-einfühlbar-Sein, das beim Einander-wirklich-Zuhören und Sich-einander-echt-Mitteilen Stück für Stück gebildet wird. Was verlautet, wird hier auch vernommen. In den tönend-lauschenden Welten, die in allen Vorgängen durch echtes Verständnis zwischen Menschen existieren, ist Hermes ganz bei sich selbst.

Deutung als Richtung-weisende Enträtselung –
Empathie-Nachklang

Dem Menschen, der Verständnis erfährt, fehlt fast nichts mehr. Er atmet im Zwischenraum von Ich und Du. Dieser Raum ist aber ohne Richtung und Ziel. So werden auch diejenigen, die sich im tiefsten Verständnis gegenüberstehen, sich wieder voneinander entfernen. Sie werden dabei einander unverständlich, werden, sich nach eigenen Zielen aus dem Verständnis entfernend, einander erneut zum Rätsel. Dass der andere ein Rätsel ist, empfinden wir natürlich besonders deutlich, wenn wir *kein* Verständnis für ihn haben.

Deutung ist, als Form der Hinwendung zu einem anderen betrachtet, dem Verständnis deutlich unterlegen. Ihr Merkmal ist nicht das Aufnehmen und Annehmen des anderen. Deutung gibt Richtung. Sie deutet etwas nicht nur aus, sie deutet auf etwas hin. Indem sie ganz bewusst so tun kann, als hätte sie vom anderen keine Ahnung und müsste ihn mühsam aus Zeichen und Andeutungen entziffern, will sie ihn nicht einfach besser kennenlernen. Sie will herausfinden, in welche Richtung es gemeinsam geht.

Deutung ist also ein Vorgang der Ortung und Navigation, nicht des Sich-einander-Näherns. In der Deutung tun wir so, als würden wir den anderen gar nicht verstehen. Wir schieben ihn antipathisch von uns weg, um völlig nüchtern und klar zu sehen. In dieser Klarheit erkennen wir die Deutungs-Geste, die uns erst einen *Weg* für Entwicklung *weist*. Wo Verständnis zufrieden in der Wahrnehmung des Gegenübers verharrt, legt Deutung in mühseliger, antipathisch geschärfter Arbeit Entwicklungswege frei. Mit Deutung, die weiß, dass wir füreinander ein Rätsel bleiben, verbindet sich dergestalt ein aretischer Aspekt von Scheitern und dessen Überwindung. Deutung ist stets nur Deutungsversuch.

Aphrodite oder: Wie uns Sympathie motiviert

Die Prozesse, die ich als durch die Göttin Aphrodite motiviert beschrieben habe, beruhen auf der seelischen Grundkraft der Sympathie. Diese besteht darin, dass zwischen zwei Menschen Anziehung wirkt und die Tendenz zu verschmelzen. Zwei betreiben, auf alle nur mögliche Weise durch Sympathie bewirkt, Ver*einigung*. Da diese niemals Bestand hat, erkennt, wer nicht zu sehr berauscht ist von der Schönheit der Sympathie, dass sie stets *spielt*. Das Aphroditische gibt vor zu sein, ist nur, was es vorgibt, und gibt nur vor, was es noch *werden* will. Das Aphroditische probiert alles aus. Im Aphroditischen vereinigen sich das Dionysische und das Apollinische: Es wagt, weit über sich hinauszugehen, erstrebt dabei aber die größtmögliche Geistesgegenwart.

Identifikation oder: Vorspiel der Sympathie
Identifikation ist in meinem Verständnis der Wunsch, so zu sein wie jemand, den wir mehr als nur mögen. Durch Identifikation werden wir *welthaltig,* denn wir beginnen, das Verhalten bewunderter Personen nachzuahmen. Dergestalt üben wir uns in fremde, durch Bewunderung übernah gewordene Persönlichkeitsmerkmale ein und machen unser eigenes Verhalten und schließlich unsere eigene Person damit *reicher.*

Der gute alte Begriff *Vorbild* darf in diesem Zusammenhang bestätigt und korrigiert werden. Vorbilder funktionieren nur in dem beschriebenen Sinne der Nachahmung von etwas, *das ich bewundere.* Wenn ich etwas nicht bewundere, sondern es mir nur – durch gesellschaftlichen Konsens etwa – mahnend vorgehalten wird, kann es nicht wirken. Weil *ich* es nicht bewundere, sondern es mich bedroht. So wurde, was Vorbild sein sollte, oft abschreckendes Beispiel.

Ich wähle mir meine Vorbilder frei durch meine Sympathie, die dem Bewunderten entgegenfliegt. Naheliegenderweise bieten sich Eltern zum Vorbild an. Da wir diese aber lieben *und* verstoßen müssen, werden wir sie zwar ein Stück weit nachahmen und uns in ihre Verhaltensweisen einüben; die volle Identifikation mit ihnen aber wäre vernichtend. Bei Menschen, an denen wir überstarke Gleichheit mit ihren Eltern erleben, sehen wir die Gefahr, dass Identifikation – wie alles Sympathische, im Übermaß betrieben – auch zum Verlust der eigenen Persönlichkeit führen kann. Der Clown, der das Nachahmen übertreibt, weiß zuletzt nicht mehr, wer er selber ist.

Als Nachtseite gehört zur Identifikation auch die *Vermeidung* der Nachahmung negativ aufgeladener Personen. Ich mache sie wegen ihres von mir abgelehnten Verhaltens zu meinen «Inneren Anderen» unter der Kategorie «wie ich auf keinen Fall sein will». Als *Hemmungen* arbeiten sie an unserer Persönlichkeit nachhaltig mit. Wirklich finster wird die Nachtseite der Identifikation dort, wo sie sich gegen uns selbst kehrt: Wenn wir uns nicht mehr mit uns selbst identifizieren können, keine Lust mehr haben, uns *selbst* nachzuahmen, droht Selbstzerstörung.

Das hellste Licht dagegen scheint uns in der Nachahmung einer geliebten Person, mit der wir ein Paar bilden. Wie viel lernen wir ohne jede Mühe in diesem intimsten Austausch der beflügelnden Bewunderung!

Verwandlung: Ein Blick in die Werkstatt der Sympathie
Ist Schauspielen Täuschung? Theatertheoretiker haben jahrhundertelang darüber gestritten, inwieweit sich ein Mensch, der einen anderen auf der Bühne verkörpert, wirklich verwandelt. Sie haben in dem Anders-Sein des Schauspielers einen ekstatisch-heiligen Bezirk vermutet[93] oder im kühlen Ausstellen klar berechneter Verfremdungen die Chance zur Mitarbeit der Zuschauer am Bild der Wirklichkeit gesehen (Bertolt Brecht). Einig waren sich vor allem ältere Schauspieltheoretiker darin, dass dem Spielen als Sich-Verstellen ein übler Geruch von *Täuschung* anhaftet. Wir sprechen noch heute wegwerfend von *Schauspielerei*, wenn wir einen allzu plumpen Täuschungsversuch bloßstellen wollen. So werten wir das Spielen als pure Täuschung gegenüber unserer eigenen, natürlich grundehrlichen Unverstelltheit ab.

Wer dagegen selbst einmal ein wenig zu schauspielern versucht hat, weiß, dass er dabei auf einem schmalen Grad wandelt: Wird die Verstellung offensichtlich, wirkt sie belustigend – und *dilettantisch*. Bleibe ich dagegen beim Versuch zu spielen ganz bei mir selbst, so wirke ich bestenfalls befangen. Wirklich fasziniert sind wir von einem Spieler, dem wir sein Spielen nicht anmerken, ihm aber das Anderssein voll abnehmen. Große Schauspieler sind Virtuosen auf dem Weg, sich selbst im Jemand-anders-Sein stets näher zu kommen.

Spielen ermöglicht also mehr als Sich-Verwandeln. Machen wir uns deutlich: Das theatrale Spielen, von dem hier die Rede ist, findet im Fokus der Bühne statt, im Angesicht einer aufmerksamen Öffentlichkeit. Jedes theatrale Spielen ist ein *Auftritt*.

In der Öffentlichkeit, die von mir eine Verwandlung erwartet, kann ich meiner eigenen Wahrheit näher kommen. Im Alltag trägt mich mein Selbst-Sein nicht nur, sondern es hemmt mich auch: Ich bin in unbewussten Mustern ebenso gefangen wie durch das stete Ausbalancieren meiner Selbstverwirklichung mit den Erwartungen und moralischen Vorgaben meiner Mitwelt. Spielen im Fokus der Öffentlichkeit dagegen ermöglicht selbst auf einer bescheidenen Probebühne etwas Ungeheures: Ich darf in den Mittelpunkt treten und mich in meiner Wahrheit zeigen! Und das rein gestisch und seelisch, denn inhaltlich spreche ich einen fremden Text. Der Fokus der Aufmerksamkeit erfasst mich ganz, wie Schiller es vom Spielen sagt – weil ich vor dem Publikum nichts verbergen kann! Selbst mein Unbewusstes zeige ich, sobald ich öffentlich auftrete. Ich werde in meiner ganzen menschlichen Größe ebenso wie in den mannigfaltigen Tiefen meines Unvermögens sichtbar. Der Fokus der Bühne macht ja nicht einfach nur das Gute groß. Er leuchtet jeden menschlichen Makel unbestechlich aus. Diese kritische Funktion der Bühnen-Vergrößerung wird gerade von naiven Idealisten gerne verkannt.

Schauspielen ist also gegen alle anderslautenden Behauptungen und Gerüchten vielleicht nicht die moralischste, aber definitiv die *ehrlichste* Handlungsweise, deren Menschen fähig sind. Dieser Befund darf überraschen. Wer sich heuchlerisch verstellt, der spielt nicht, er betrügt. Wer spielt, öffnet sich in eminent unverfälschter, zutiefst ehrlicher Weise jedem Betrachter. Wer spielt, wagt sich in die Offenheit, zeigt *sich* im Gespielten. Wer sich dagegen beherrscht und zurückhält, kommt ungleich schwerer in den Fluss, der bekanntlich allem Werden eigen ist.

Vielleicht kann in dieser unvertrauten Beleuchtung hervortreten, warum Spielen für die Entwicklung des Ich unverzichtbar ist. Mit jenem Ich, das ich werden will, komme ich unmittelbar in Kontakt, indem ich mich *zeige*. Das Gespielte macht mir erlebbar, was ich bin und was ich noch nicht bin. Es führt mir spätestens im Auge des Zuschauers vor, was ich sein *will* und was nicht. Es legt die Vielschichtigkeit meiner Persönlichkeit offen und lässt Wachstumslinien aufleuchten. Das Zeigen geschieht unter dem Schutz einer Rolle weit menschlicher, bewusster und sensibler, als wenn es mit ganzer Härte die befangene Persönlichkeit *ohne* Rolle beträfe.

Im Spiel ist das Aphroditische ganz bei sich selbst. Verwandlungen in jeder Form und in jede Gestalt sind sein Wesen. Da unkenntliche Verwandlungen Betrug und Täuschung darstellen, bleibt die Offensichtlichkeit des Verwandelt-Seins der Nachweis seiner Ehrlichkeit. Zudem darf keine Verwandlung Bestand haben, wenn sie Spiel bleiben will. Im Immer-verwandelbarer-Werden liegt das Ziel der aphroditischen Motiviertheit, nicht im Erstarren in einer bleibend veränderten Gestalt. Die groteske Überzeichnung und die Komödie der Übertreibungen wird dagegen stets willkommene Erfrischung und erfreulicher Schabernack bleiben.

Projektierung – ein biografisch-sympathisches Werkzeug
Projektion ist nach dem Verständnis der Psychologie ein Abwehrverhalten unserer Seele. Dieses wird so beschrieben: Eigene Probleme, die für uns selbst zu groß werden, bemerken wir an anderen. Wir sehen die für uns nicht zu bewältigenden Gefühle an anderen wie durch einen Filmprojektor auf die Leinwand geworfen. Mit diesem Gedanken stellt die Psychologie ein bedeutendes Erkenntnismittel für das Zwischenmenschliche zur Verfügung.

Projektion in dem von uns entwickelten Verständnis macht dagegen eine Aussage über das Verhältnis, das wir zu uns selbst haben können. Projektion als Prozess aphroditischer Motiviertheit bezeichnet den Umstand, dass ich mich selbst als einen in Entwicklung Begriffenen sehe und die Verantwortung für den Fortgang meiner Entwicklung übernehme: Ich werde mir selbst zum Projekt. Ein Projekt, das ich für mich alleine und zugleich gemeinsam mit anderen betreibe. Die so definierte *aphroditische Projektion* nenne ich *Projektierung*.

Am Beginn der Projektierung meiner selbst betrachte ich die Entwicklungsphasen, die ich bislang durchlaufen habe. Ich erkenne mich in der Gestalt meiner jeweiligen Entwicklungsphasen. Ich werde mir selbst biografisch gegenübertreten und so hinter dem Jetzt-Zustand eine Vergangenheit entdecken. Die Vergegenwärtigung der eigenen Entwicklungsgeschichte löst mich aus der Illusion, nur das zu sein, was ich jetzt bin. Ich erscheine mir selbst als Entwicklungslinie, auf der das Jetzt, das So-bin-Ich, nur eine winzige Momentaufnahme darstellt.

Wenn ich mich beim Betrachten der Herkunft meiner Entwicklungslinie umdrehe, kann ich in die Zukunft schauen. Ich kann den Fortgang der Linie projektieren und entwickeln. Ich erkenne, dass gelingende Gegenwart in der Fähigkeit besteht, sich umzudrehen. Gegenwart ist, sofern sie ihre Ressource nutzt, also immer «revolutionär».

Indem Projektierung – das Ich-selbst-zum-Projekt-Werden – das Werden aus den Fängen des Beharrens befreit, zeigt sie in der aphroditischen Gestalt einen aretischen Charakter. Projektierung kämpft dem Werden den Weg frei, indem es zur Beseitigung innerer Gefangenschaften auffordert. Sie ist zudem eine offene Einladung an alle anderen, an meiner Entwicklung mitzuarbeiten.

Ares oder: Wie uns Antipathie motiviert

Die Prozesse, die ich als durch den Gott Ares motiviert beschrieben habe, beruhen auf der seelischen Grundkraft der Antipathie. Diese besteht darin, dass zwischen zwei Menschen Abstoßung wirkt und die Tendenz, sich auszuschließen. Beide betreiben auf alle nur mögliche Weise Entzweiung, durch Antipathie bewirkt. Als Entzweite wollen sie sich für andere kenntlich machen und gegeneinander weithin sichtbare Positionen behaupten.

Das Aretische geschieht im gewaltlosen Kampf mit unseren Beschränkungen und für unsere Anliegen. Da es kämpft, gliedern wir seine Aspekte in einzelne Runden wie ein sportliches Turnier.

Ehrgeiz – Die Vorrunde der Antipathie
Mit meinem Wollen zerschneide ich die Welt: in das winzige Reich dessen, was ich schon erreicht habe, und in das Weltreich dessen, das ich noch nicht erreicht habe. Die schiere Größe des Letzteren würde mich erdrücken, gäbe es nicht den Ehrgeiz. Er spornt mich zu immer neuen Überwindungen an. Er arbeitet unablässig am Möglichen in seiner Kleinheit, er bleibt völlig unbeeindruckt von der Übermacht des Unmöglichen. Er lebt von der kampfeswürzigen Prise Antipathie, durch die ich beweisen will, dass ich besser bin als der andere.

Aber das bloße Besser-Sein-Wollen macht mich noch keinen Deut fähiger. Erst schonungslose *Selbstkritik* setzt mich in den Stand, wirklich an mir zu arbeiten. Das übende Bewusstsein nimmt hier seinen Ausgang. Wie scharf das Bewusstsein der eigenen Mängel arbeiten muss, um tatsächlich Gutes entstehen zu lassen, können wir beispielhaft an der Person des Mahatma Gandhi erkennen, wenn wir etwa in seiner Autobiografie lesen, wie scharf er seine eigenen Schwächen verurteilt und selbst offensichtliche Fehler anderer als eigenes Verschulden zu bearbeiten versucht.[94]

Der Stachel des Ehrgeizes kann nicht alleine in der Konkurrenz gesehen werden. Er besteht ebenso in der schmerzhaften Erkenntnisarbeit am Abgrund unserer eigenen Unzulänglichkeit. Damit der Stachel des Ehrgeizes im allzu berechtigten

Verzagen angesichts unserer Unfähigkeiten nicht stumpf wird, benötigen wir starke Selbstbehauptungskraft. Sie alleine verhindert, dass wir im Abgrund unserer Unfähigkeiten versinken. Sie alleine ermöglicht, dass wir die aufhellende Wirkung der Selbstkritik erleben, nämlich das weite, unbetretene Land dessen, was uns noch möglich ist.

Mit meinem Wollen zerschneide ich mich selbst: in den bescheidenen Teil, mit dem ich zufrieden bin, und in den unbescheidenen Teil, mit dem ich in selbstkritischer Auseinandersetzung stehe. Mit meinem Wollen zerschneide ich das Zerschneiden. Ich könnte es mir ja auch einfach gut gehen lassen! Von dieser eventuell voll befriedigenden Lebensweise hält mich mein Ehrgeiz allerdings ab.

Die Skizze der Anatomie des Ehrgeizes zeigt: Das sozial motivierte Konkurrenzverhalten *und* die an meinen eigenen Unfähigkeiten erwachende schonungslose Selbstkritik gehören zu ihm. Erst die Selbstbehauptungskraft, die mich in meiner Selbstkritik nicht vernichtet, sondern mir noch unbetretenes Neuland aufzeigt, macht meinen Ehrgeiz potent und potenziell fruchtbar.

Ruhm – Aufmerksamkeit als Waffe oder: K.o.-Runde der Antipathie
Ruhm ist nichts weiter als die an einer Person haften bleibende Bündelung von Aufmerksamkeit.

Schon von ferne weckt die sich tuschelnd herumsprechende Beachtung einer Berühmtheit unsere Aufmerksamkeit. «Worüber reden denn alle?», fragen wir. «Ja, weißt du das denn nicht? Dort vorne befindet sich ...!» Wir haben natürlich schon von dieser Berühmtheit gehört, aber nie damit gerechnet, dass sich uns die Gelegenheit bieten würde, ihrer tatsächlich einmal ansichtig zu werden. Sofort sind wir aufs Äußerste erregt. Wenn die Berühmtheit gar *uns* beachten würde, und sei es nur für Sekunden ... Welcher Weihe-Moment! Die gebündelte Aufmerksamkeit erzeugt eine Wichtigkeit, die Gefühle der Erhöhung mit sich bringt.

Das Gegenteil der gebündelten Aufmerksamkeit ist Unaufmerksamkeit. Wie sehr die Abwesenheit von Aufmerksamkeit uns *stören* kann, wissen wir aus jeder Unterrichts-Situation. Wir erleben sie als Missachtung. Von einem Menschen übersehen zu werden, gibt uns das Gefühl der Unwichtigkeit. Bereits nicht beachtete Gegenstände verlieren ihren Wert. Wie viel mehr unbeachtete Regeln und Absprachen! Ein lange nicht beachteter Gegenstand beginnt, regelrechte Spuren der Sinnlosigkeit zu zeigen. Regeln, die nicht beachtet werden, fallen dem Vergessen anheim. Im Extrem wirkt ein Mangel an Aufmerksamkeit als Herabsetzung und Entwürdigung. Gezielte Nicht-Beachtung ist eine tödliche Waffe.

Aufmerksamkeit ist nichts weiter als das Verweilen unseres Bewusstseins bei einem Menschen oder einem Gegenstand. Wenn wir unser verweilendes Bewusstsein mit Wertigkeit aufladen, machen wir es *scharf* im Sinne der Schärfung einer Waffe. Auch die positive, Wertigkeit gebende Aufmerksamkeit, die ich anfangs beschrieben habe, war waffenartig geschärft. Denn auch sie verweilte nicht wertfrei, sondern versetzte *mich* in einen Zustand, in dem mein eigener Wert so weit herabgemindert war, dass mir die Sekunde, in der mir die Berühmtheit ihre Aufmerksamkeit schenken könnte, wichtiger erschien als alles im Leben.

Ob ich einen Menschen beachte oder nicht beachte, ob ich ihm negativ geladene oder positiv geladene Aufmerksamkeit zuwende, das gestaltet meine Beziehung zu ihm. Eine offen gestaltete Beziehung kann nur durch das nicht wertende Verweilen meiner Aufmerksamkeit entstehen.

Wie entschärfen wir unsere Aufmerksamkeit? Wie machen wir sie wertfrei, zum Anteil nehmenden, aber nicht positiv oder negativ aufgeladenen Verweilen geeignet?

Wir müssen unser Urteilen aus der Aufmerksamkeit verbannen! Unser Urteilen ist darauf aus, unsere Aufmerksamkeit zu lenken. Wir orientieren uns in unserer Aufmerksamkeit, die uns nicht grenzenlos zur Verfügung steht, an Wertigkeiten. Wir finden das eine beachtenswert, anderes dagegen nicht. Hier fühlen wir, wie Sympathie und Antipathie sich aussprechen. Sobald Wertigkeiten aber zu Urteilen gerinnen, also feste Wegmarken für unsere Aufmerksamkeit werden, verknöchert unsere Fähigkeit zur Anteilnahme.

Wir haben gesehen, dass Aufmerksamkeit die Tendenzen zur Schärfung und zur Erschlaffung, zur Bündelung und zur Zerstreuung in sich trägt. Wir nennen das die Spanne unserer Konzentration. Das Wort «Konzentration» bedeutet: Kreis aus Bewusstsein, um ein noch leeres Zentrum gezogen. Sobald aus Konzentration Aufmerksamkeit wird, tritt etwas Bestimmtes in den leeren Kreis unserer Konzentration. In diesem Moment wirkt, so scharf wie unbewusst, heftigste Antipathie, indem alles andere als das Bestimmte, das wir nun aufmerksam betrachten, aus dem Kreis unserer Konzentration ausgeblendet, verbannt und hinausgeworfen wird.

Aufmerksamkeit ist somit die Werkstatt der Antipathie schlechthin. Dass das so ist, können wir nicht verhindern. Wir können uns aber darin üben, nicht zusätzlich Urteile mit in unsere Aufmerksamkeit aufzunehmen. Wir können uns zudem bewusst werden, wie wir durch die Lenkung unserer Aufmerksamkeit im Sozialen gestalten. Aufmerksamkeit ist heute eine knappe Ressource. Gerade «schwierige» Kinder zeigen sich als solche durch ihre übermäßige Inanspruchnahme unserer Aufmerksamkeit. Sie *brauchen* Aufmerksamkeit, und wir tun gut daran, sie ihnen zu geben. Allerdings nicht dann, wenn sie sie einfordern – da müssen sie sich aretisch-schmerzhaft bescheiden lernen –, sondern zu einem von uns gewählten Zeitpunkt, wo wir uns ihnen wirklich intensiv widmen.

Disziplin als Finale zwischen Sympathie und Antipathie
Disziplin besitzt einen erklärten Gegner, mit dem sie ins Finale um den Sieg von Antipathie über Sympathie einzieht: Dieser Gegner heißt *Lust*. Wo ich keine Lust habe, da kann die Disziplin

ihre schönsten Siege feiern. Oder ihr Mangel mir die deprimierendsten Niederlagen bereiten. Wir wollen auch gegen Widerstände handlungsfähig bleiben und sowohl unsere eigenen Unlust-Hürden als auch die Schwierigkeiten, die sich aus der Sache selbst ergeben, überwinden. Der aretische Charakter von Disziplin springt sogleich ins Auge: Sie ist ein beständiger Kampf. Was mir einfach nur zufällt, verlangt und bildet keine Disziplin.

Als Unlustbesiegerin ist Disziplin die große Göttin jeder technischen Zivilisation. Nicht umsonst wird Disziplin gerne als «eisern» bezeichnet. Unter besonderen Rücksichten kann sie allerdings von diesem Charakter befreit werden: wenn sie im Sozialen *gelöst* ist, also frei verabredet und gemeinsam beschlossen wird. Wenn wir uns, wie oben beschrieben, selber Regeln geben, um höhere Ziele zu erreichen. Dergestalt demokratisch erzeugte Disziplin kann durchaus *menschlich* die soziale Fitness einer Gemeinschaft verbessern.

Die beste Disziplin geht aber von der Sache, auf die sie angewendet wird, selbst aus. Wie das?

Wie wunderbar Disziplin von einer Sache ausgehen kann, erleben wir im Sport. Man unterwirft sich den Regeln sportlicher Spiele, um überhaupt spielen zu können. Das offensichtliche Ziel, gewinnen zu wollen, kann nur durch stärkste Disziplin *im Vorfeld* des Spielens erreicht werden – denn sportliche Fitness erwirbt man nur durch regelmäßiges und intensives Training. Disziplin garantiert die Beständigkeit des Übens. Training macht deswegen nicht nur Sinn, sondern zumindest im Ergebnis auch Spaß, weil es das mögliche *Spielniveau* erhöht. Antipathie gewinnt das Finale gegen Sympathie, indem sie sich mit deren Ziel vereinigt: Als Sieg über mich selbst!

ANMERKUNGEN

1 Tankred Dorst: *Merlin oder das wüste Land,* Frankfurt (Main) 1985, S. 176.
2 Zitiert nach Helmut Neuffer (Hrsg.): *Zum Unterricht des Klassenlehrers an der Waldorfschule. Ein Kompendium,* Stuttgart ³2008, S. 1208.
3 Michael Lukas Moeller: *Die Wahrheit beginnt zu zweit. Das Paar im Gespräch,* Reinbek 1992, S. 136.
4 Wenzel M. Götte, Peter Loebell und Klaus-Michael Maurer: *Entwicklungsaufgaben und Kompetenzen. Zum Bildungsplan der Waldorfschule,* Stuttgart 2009, S. 234ff.
5 Ebenda.
6 Rudolf Steiner: *Die gesunde Entwicklung des Menschenwesens* (GA 303), Dornach ⁴1987, S. 155.
7 Siehe Rudolf Steiner: *Allgemeine Menschenkunde als Grundlage der Pädagogik* (GA 293), Dornach ⁹1992; *Erziehungskunst. Methodisch-Didaktisches* (GA 294), Dornach ⁶1990; *Erziehungskunst. Seminarbesprechungen und Lehrplanvorträge* (GA 295), Dornach ⁴1984.
8 Rudolf Steiner: *Erziehungskunst. Seminarbesprechungen und Lehrplanvorträge* (GA 295), Dornach ⁴1984, S. 182.
9 Ebenda, S. 183.
10 Ebenda.
11 Ebenda.
12 Ebenda.
13 Ebenda.
14 Heinrich von Kleist: *Sämtliche Werke und Briefe,* Bd. 2, München 1984, S. 319ff.
15 Rudolf Steiner: *Die gesunde Entwicklung des Menschenwesens* (GA 303), Dornach ⁴1987, S. 154f.
16 Ebenda, S. 155.
17 Helmut Neuffer (Hrsg.): *Zum Unterricht des Klassenlehrers an der Waldorfschule. Ein Kompendium,* Stuttgart ³2008, S. 1220.

18 Helmut Neuffer (Hrsg.): *Zum Unterricht des Klassenlehrers an der Waldorfschule. Ein Kompendium*, Stuttgart ³2008, S. 1219ff.
19 Ebenda, S. 1221.
20 Ebenda, S. 1227.
21 Ebenda, S. 1226.
22 Ebenda, S. 1224.
23 Ebenda, S. 1225.
24 Ebenda, S. 1222.
25 Ebenda, S. 1221f.
26 Ebenda, S. 1222.
27 Zur Technik der Empathie siehe Kilian Hattstein: *Sympathie, Antipathie, Empathie. Vom dreifachen Spiegel der Seele*, Dornach 2007, S. 43ff.
28 Helmut Neuffer (Hrsg.): *Zum Unterricht des Klassenlehrers an der Waldorfschule. Ein Kompendium*, Stuttgart ³2008, S. 1222.
29 Der Zeugnisspruch wird von jedem Kind einmal in der Woche vor der Klasse aufgesagt. Der Lehrer arbeitet mit dem Kind am Verständnis seiner Aussagen und Bilder, an den Betonungen im Rhythmus, an der Schönheit und Ausdruckskraft der Sprache, an der Plastizität der Vokale und Konsonanten, also der Artikulation – ein wesentlicher Arbeitsvorgang in der Waldorfpädagogik.
30 *Die Edda. Germanische Göttersagen aus erster Hand,* nach Übersetzungen von Karl Simrock neu herausgegeben, bearbeitet und kommentiert von Walter Hansen, Wien und Heidelberg 1981, S. 156.
31 Ebenda, S. 173.
32 Otto Holzapfel: *Herders Lexikon der abendländischen Mythologie*, Erftstadt 2007, S. 176.
33 Rudolf Simek: *Lexikon der germanischen Mythologie*, Stuttgart ³2006, S. 324.
34 Ebenda.
35 Ebenda, S. 378 (Stichwort «Skaldenmet»).
36 Ebenda, S. 54.
37 Ebenda, S. 299.
38 Rudolf Steiner: *Mysteriengestaltungen* (GA 232), Dornach ⁵1998, S. 93; siehe auch Gundula Jäger: *Die Bildsprache der Edda. Vergangenheits- und Zukunftsgeheimnisse in der nordisch-germanischen Mythologie. Die Sprachbilder der Edda*, Stuttgart 2004, S. 124.

39 Rudolf Steiner: *Mysteriengestaltungen* (GA 232), S. 102.
40 Platon: *Das Gastmahl*, deutsch von Kurt Hildebrandt, Stuttgart 1979, S. 87f.
41 Otto Holzapfel: *Herders Lexikon der abendländischen Mythologie*, Erftstadt 1993, S. 195f.
42 Platon: *Kratylos*, in *Sämtliche Werke*, Bd. 1, Köln und Olten 1967, S. 574.
43 Ruth Ewertowski: *Revolution im Ich. Einweihung als Wiedergeburt in Anthroposophie und Literatur*, Stuttgart 2010, S. 15f.
44 Bertolt Brecht: *Kleines Organon für das Theater*, Paragraf 61, Frankfurt (Main) 1960, S. 34.
45 Der Status-Begriff wurde von Keith Johnstone entwickelt und ist in seinen Büchern, etwa *Improvisation und Theater*, Berlin [10]2010, gewinnbringend nachzulesen.
46 Zur Technik der Sympathie siehe Kilian Hattstein: *Sympathie, Antipathie, Empathie. Vom dreifachen Spiegel der Seele*, Dornach 2007, S. 85ff.
47 Friedrich Schiller: *Über die ästhetische Erziehung des Menschen in einer Reihe von Briefen*, Stuttgart 2004, S. 93f.
48 William Shakespeare: *Wie es euch gefällt*, 2. Akt, 7. Szene, deutsch von August Wilhelm Schlegel, in *Sämtliche Werke*, Bd. 1, Heidelberg 1987, S. 668.
49 William Shakespeare: *Sonette*, deutsch von Gottlob Regis, in *Sämtliche Werke*, Bd. 4, Heidelberg 1987, S. 69.
50 *Duden Fremdwörterbuch*, Mannheim 2010, S. 912.
51 Markus Treichler: *Sprechstunde Psychotherapie. Krisen – Krankheiten an Leib und Seele. Wege zur Bewältigung*, Kapitel *Biografie und Krankheit*, Stuttgart 2007, S. 105.
52 Ruth Ewertowski: *Das Drama der Entwicklung*, in *Evolution als Verständnisprinzip*, hrsg. von Wolfgang Schad, Stuttgart 2009, S. 103f.
53 Tankred Dorst und Ursula Ehler: *Merlin oder das wüste Land*, Frankfurt (Main) 1985, S. 244f.
54 Ebenda, S. 282.
55 *Moiren*: Schicksalsgöttinnen.
56 *Orphischer Hymnus an Aphrodite*, in *Orpheus. Orphei hymni. Altgriechische Mysterien*, aus dem Urtext übertragen und erläutert von Joseph O. Plassmann, Köln 1982, S. 95f.
57 Nach Hesiod ging Aphrodite aus dem Schaum des Meeres hervor. Kronos hatte auf Betreiben der Gaia seinem Vater Uranos die Geschlechtsteile abgeschnitten und ins Meer geworfen,

das heftig aufschäumte, wo sich Blut und Sperma vermischten, und die Göttin gebar.
58 William Shakespeare: *Hamlet*, 2. Akt, 2. Szene, übersetzt von August Wilhelm Schlegel, in *Sämtliche Werke*, Heidelberg 1978, S. 511f.
59 Peter Sloterdijk: *Sphären I*, Frankfurt (Main) 1998, S. 450f.
60 Zitiert nach www.sueddeutsche.de vom 22. April 2011.
61 Diese und folgende Aussagen beruhen auf Erfahrungen, sind aber keine Zitate konkreter Personen.
62 Nach Robert von Ranke-Graves: *Griechische Mythologie*, Bd. 1, Reinbek 1974, S. 56f.
63 Caroline Thompson: *Die Tyrannei der Liebe. Wenn Eltern zu sehr lieben. Perfekte Erziehung und die Ambivalenz unserer Gefühle*, München 2009.
64 Ebenda, Kapitel *Die Kinder, unsere neuen Liebesobjekte*, S. 46ff.
65 Ebenda, S. 50.
66 Ebenda, S. 51.
67 Ebenda, S. 49.
68 Ebenda, S. 54f.
69 Ebenda, S. 57.
70 Ebenda, S. 59.
71 Ebenda, S. 46.
72 Ebenda, S. 53.
73 Ebenda, S. 109.
74 Ebenda, S. 53.
75 Ebenda, S. 53.
76 Ebenda, S. 53.
77 Homer: *Die Odyssee*, 8. Gesang, Zeilen 266ff., zitiert nach der Übertragung von Heinrich Voß, München 1979, S. 542f.
78 Robert von Ranke-Graves: *Griechische Mythologie*, Bd. 1, Reinbek 1974, S. 60.
79 Homer: *Die Odyssee*, Zeilen 274, 275, 280, und 281.
80 Ebenda, Zeilen 285ff.
81 Ebenda, Zeile 324.
82 Ebenda, Zeile 236.
83 Ebenda, Zeilen 340–343.
84 Ebenda, Zeilen 344 und 345.
85 Robert von Ranke-Graves: *Griechische Mythologie*, Bd. 1, Reinbek 1974.
86 *Die Homerischen Götterhymnen*, deutsch von Thassilo von Scheffer, Leipzig ²1974, S. 128.

87 *Orpheus. Altgriechische Mysterien*, übertragen und erläutert von Joseph O. Plassmann, Köln 1982, S. 133.
88 Erhard Eppler: *Von Opfern und Tätern*, www.sueddeutsche.de vom 5. Januar 2011.
89 Siehe Kilian Hattstein: *Sympathie, Empathie, Antipathie. Vom dreifachen Spiegel der Seele*, Dornach 2007.
90 Michael Lukas Möller: *Gelegenheit macht Liebe. Glücksbedingungen in der Partnerschaft*, Reinbeck 2006, S. 109.
91 Martin Buber: *Ich und Du*, in *Das dialogische Prinzip*, Gütersloh 2006, S. 41.
92 Siehe Kilian Hattstein: *Sympathie, Antipathie, Empathie. Vom dreifachen Spiegel der Seele*, Dornach 2007.
93 Siehe Antonin Artaud: *Das Theater und sein Double*, Frankfurt (Main) 1986.
94 Siehe Mahatma Gandhi: *Mein Leben*, Frankfurt (Main) 1983.

LITERATUR

Artaud, Antonin: *Das Theater und sein Double*, Frankfurt (Main) 1986.
Brecht, Bertolt: *Kleines Organon für das Theater*, Frankfurt (Main) 1960.
Buber, Martin: *Ich und Du*, in *Das dialogische Prinzip*, Gütersloh 2006.
Dorst, Tankred: *Merlin oder das wüste Land*, Frankfurt (Main) 1985.
Die Edda. Germanische Göttersagen aus erster Hand, nach Übersetzungen von Karl Simrock neu herausgegeben, bearbeitet und kommentiert von Walter Hansen, Wien und Heidelberg 1981.
Ewertowski, Ruth: *Das Drama der Entwicklung*, in *Evolution als Verständnisprinzip*, hrsg. von Wolfgang Schad, Stuttgart 2009.
Ewertowski, Ruth: *Revolution im Ich. Einweihung als Wiedergeburt in Anthroposophie und Literatur*, Stuttgart 2010.
Gandhi, Mahatma: *Mein Leben*, Frankfurt (Main) 1983.
Götte, Wenzel M., Peter Loebell und Klaus-Michael Maurer: *Entwicklungsaufgaben und Kompetenzen. Zum Bildungsplan der Waldorfschule*, Stuttgart 2009.
Hattstein, Kilian: *Sympathie, Antipathie, Empathie. Vom dreifachen Spiegel der Seele*, Dornach 2007.
Holzapfel, Otto: *Herders Lexikon der abendländischen Mythologie*, Erftstadt 2007.
Homer: *Ilias. Odyssee*, in der Übertragung von Johann Heinrich Voß, München 1984.
Die Homerischen Götterhymnen, deutsch von Thassilo von Scheffer, Leipzig 1974.
Jäger, Gundula: *Die Bildsprache der Edda. Vergangenheits- und Zukunftsgeheimnisse in der nordisch-germanischen Mythologie*, Stuttgart 2004.
Johnstone, Keith: *Improvisation und Theater*, Berlin [10]2010.
Kleist, Heinrich von: *Sämtliche Werke und Briefe*, Bd. 2, München 1984.
Moeller, Michael Lukas: *Gelegenheit macht Liebe. Glücksbedingungen in der Partnerschaft*, Reinbek 2006.
Moeller, Michael Lukas: *Die Wahrheit beginnt zu zweit. Das Paar im Gespräch*, Reinbek 1992.

Neuffer, Helmut (Hrsg.): *Zum Unterricht des Klassenlehrers an der Waldorfschule. Ein Kompendium*, Stuttgart ³2008.

Plassmann, Joseph O.: *Orpheus. Altgriechische Mysterien*, aus dem Urtext übertragen und erläutert, Köln 1982.

Platon: *Das Gastmahl*, deutsch von Kurt Hildebrandt, Stuttgart 1979.

Platon: *Kratylos*, in *Sämtliche Werke*, Bd. 1, Köln und Olten 1967.

Ranke-Graves, Robert von: *Griechische Mythologie*, Band 1, Reinbek 1974.

Schiller, Friedrich: *Sämtliche Gedichte und Balladen*, Frankfurt (Main) und Leipzig 2004.

Schiller, Friedrich: *Über die ästhetische Erziehung des Menschen in einer Reihe von Briefen*, Stuttgart 2004.

Shakespeare, William: *Hamlet*, übersetzt von August Wilhelm Schlegel, in *Sämtliche Werke*, Bd. 3, Heidelberg 1978.

Shakespeare, William: *Sonette*, deutsch von Gottlob Regis, in *Sämtliche Werke*, Bd. 4, Heidelberg 1987.

Shakespeare, William: *Wie es euch gefällt*, deutsch von August Wilhelm Schlegel, in *Sämtliche Werke*, Bd. 1, Heidelberg 1987.

Simek, Rudolf: *Lexikon der germanischen Mythologie*, Stuttgart 2006.

Sloterdijk, Peter: *Sphären I*, Frankfurt (Main) 1998.

Steiner, Rudolf: *Allgemeine Menschenkunde als Grundlage der Pädagogik* (GA 293), Dornach ⁹1992.

Steiner, Rudolf: *Erziehungskunst. Methodisch-Didaktisches* (GA 294), Dornach ⁶1990.

Steiner, Rudolf: *Erziehungskunst. Seminarbesprechungen und Lehrplanvorträge* (GA 295), Dornach ⁴1984.

Steiner, Rudolf: *Die gesunde Entwicklung des Menschenwesens* (GA 303), Dornach ⁴1987.

Steiner, Rudolf: *Konferenzen mit den Lehrern der Freien Waldorfschule in Stuttgart 1919 bis 1924. Erster Band* (GA 300a), Dornach ⁴1975.

Steiner, Rudolf: *Mysteriengestaltungen* (GA 232), Dornach ⁵1998.

Thompson, Caroline: *Die Tyrannei der Liebe. Wenn Eltern zu sehr lieben. Perfekte Erziehung und die Ambivalenz unserer Gefühle*, München 2009.

Treichler, Markus: *Sprechstunde Psychotherapie. Krisen – Krankheiten an Leib und Seele. Wege zur Bewältigung*, Kapitel *Biografie und Krankheit*, Stuttgart 2007.